Wie weit können wir noch verblöden?

von

Erich Beyer

BBB – Beyer's Beschwerde Buch

Als Österreicher bald eine Minderheit im eigenen Land.

Herstellung und Verlag:

BoD - Books on Demand, Norderstedt

ISBN: 9783754334638

INHALTSVERZEICHNIS:

Wichtig ist nicht, was und wie man etwas schreibt, sondern, daß man es schreibt. Ich bin kein Schriftsteller, weil mir die Gabe der ausschmückenden und leider nur allzu oft höchst fantasievollen Schriftstellerei fehlt. Ich sehe mich eher in der Position eines Berichterstatters, eines Journalisten. Ein Bericht ist immer noch die ehrlichste Form, um Begebenheiten und Situationen möglichst objektiv in einer lesbaren Art und Weise mit den dazugehörigen Erklärungen darzustellen. So wie es früher einmal die Journalisten dargestellt haben. Aber leider wird heutzutage nur mehr Sensationsjournalismus gebracht, um höhere Verkaufsquoten zu erzielen, dabei steht die Wahrheit eher weit „hinten".

Das habe ich bereits in meinem Buch „Zum Denken verurteilt" geschrieben, wo ich auch bereits meine Meinung kund getan habe, und es mag vielleicht etwas überheblich klingen, wenn ich jetzt aus Horaz' Ars Poetica 365 zitiere:

„Haec placuit semel, haec deciens repetita placebit"[1]

Man kann nämlich gar nicht so oft etwas wiederholen, das es sich der Durchschnittsbürger auch wirklich merkt, geschweige denn diese fünf Kategorien von Menschen. Ich gebe zu, ich werde in diesem Buch sehr viele Bereiche wiederholen und aus meinem „Zum Denken verurteilt" rein stellen, weil sie 1. Noch immer voll zutreffen und 2. Weil dort sehr viel von mir autobiographisch gewesen ist, was jetzt nicht primär ist, und 3. Weil vielleicht dann mehr Leute die noch immer zutreffenden Geschichten lesen können, die sie sicher nicht lesen

---

[1] Dieses hat einmal gefallen, dieses wird zehnfach wiederholt gefallen.

würden, wenn sie 30.- € für ein Hardcover Buch ausgeben müssten, und dieses Buch doch günstiger in den Handel kommen wird. Deshalb die vielen Wiederholungen der Berichte, und viele werden sicher mein Erstes Buch nicht gelesen haben, also könnte es trotzdem interessant für viele sein, diese Geschichten das erste Mal zu lesen, also gar keine Wiederholung für sie ist. Bei jenen Wenigen die sich mein Buch „Zum Denken verurteilt" gekauft haben und auch gelesen, bitte ich um Entschuldigung, das ich mich hier wiederhole, aber wie Studien gezeigt haben, und auch meine eigenen Recherchen , merken sich die Leute nicht mal die Nachrichten die sie vor zwei Stunden gesehen haben, noch was sie vor einiger Zeit in einem Buch gelesen haben. Leider auch nicht die engsten Freunde, wissen noch was ich geschrieben habe, also was solls, wenn ich hier was wiederhole?

Meiner Meinung nach gibt es auf der Welt (nicht nur in Österreich) fünf Kategorien von Leuten:

„Nasenbohrer, Kelchfresser, Freaks, Mundls und Ferngesteuerte"!

Vielleicht sollte ich kurz erklären, wie ich zu diesen Ausdrücken und Kategorien gekommen bin, obwohl man sicher noch mehrere Kategorien finden könnte, eine davon habe ich als sechste Kategorie noch angehängt:

<u>NASENBOHRER:</u>

Ich glaube, diesen Ausdruck braucht man nicht weiter zu erklären, und wenn ich an diverse Aufnahmen von versteckten Kameras denke, die ich schon gesehen habe - was dann manche mit den „Rammeln" machen, die sie aus der Nase holen - kommt mir das Grausen. Man könnte sie auf gut wienerisch auch ganz einfach als „Ungustln" bezeichnen.

KELCHFRESSER:

Ich muß zugeben, dieser Ausdruck ist nicht mir eingefallen, sondern stammt von dem Oberkellner eines Vier Sterne Hotels und Restaurants „Am Tulbinger Kogel". Er bezeichnete jene Leute so, die am Sonntagnachmittag in den Gastgarten kamen, sich ein Cola oder Bier bestellten, und das nur sehr ungern, obwohl sie natürlich die Tische besetzten - und dann die Pausenbrote auspackten und verzehrten, während ihre „Terroristen" (Kinder) im Gastgarten lärmend „Fangen spielten"! Meiner Meinung nach trifft diese Bezeichnung voll zu.

FREAK:

Wenn man sich die Leute heute ansieht, die herumlaufen, ist dieser Ausdruck auf viele zutreffend, obwohl diese als „normal" bezeichnet werden. Er hat nicht allein mit einer körperlichen Missbildung zu tun, für die kann jemand nichts, und ich würde ihn deshalb nicht als „Freak" bezeichnen, sondern der Begriff steht für alle Verrückten, Ausgeflippten, Exzentriker, Fixer und wunderlichen grotesken Typen, die „frei" herumlaufen. Wer die alte geliftete „Großlippe", die in fast allen Seitenblicken zu sehen ist, mal gesehen hat, weiß was ich meine. Gegen die sind ja „Mausi" und „Mörtel" noch eine „Straferleichterung"!

MUNDL:

Aus der Fernsehserie bekannt geworden, leider aber alltäglich vertreten und eher nicht zum Lachen, sondern eher zum Weinen. Diese Kategorie ist an Stammtischen vertreten und auf der Donauinsel, wo sie mit Handtüchern ihre Stammplätze verteidigt und sich größtenteils für Fußball interessiert, mit sehr begrenztem Horizont. Im Ausland will man dann oft genug im „Boden versinken", wenn man auf seine Landsleute trifft, und Alkoholkonsum dieser Gruppe verstärkt den Eindruck noch. Das ist dann der Zeitpunkt, wo ich nicht sehr stolz bin, ein Österreicher zu sein. Aber wenn ich den Ausdruck „Mundl" nun speziell auf Deutschland münzen müsste, dann könnte man zu jenen Typen vielleicht „deutscher Michl" sagen. Wie es bei „Mundl" den „Wiener" im Ursprung bezeichnet, ist es bei „deutscher Michl" die spöttische und abwertende gebrauchte Bezeichnung für den Deutschen. Der Begriff wurde bereits 1541 in S.FRANCKS „Sprichwörter Sammlung" als Bedeutung des ungebildeten, einfältigen Menschen aufgezeigt. In einer Karikatur zeichnet man ihn als Bauernburschen mit Kniehosen und Zipfelmütze, als Symbol der Einfalt und Verschlafenheit. Bei uns würde man ihn als Hilfsarbeiter mit blauen Arbeitsgewand und Bierflasche zeichnen. Beides steht aber für den gutmütigen und einfältigen Durchschnittsbürger, der sich seiner Machthaber, in unserem Fall der Regierung, nicht zu erwehren weiß.

FERNGESTEUERTE:

Eigentlich fast jeder, nur findet man die am stärksten Ferngesteuerten im Bereich der sogenannten „oberen Gesellschaft", die es aber sicher vehement abstreiten würde. Nur diesen „Ferngesteuerten" der „High Society" oder „Hautevolee[2]" - egal wie man sie nennen mag -, kann man einreden, in sogenannten „In Lokalen" für ordinäre „Krautfleckerln" horrende Summen zu bezahlen und nichts zu sagen, selbst wenn sie warmes Bier serviert bekommen. Durch jene wird meine persönliche Freiheit am meisten eingeschränkt. Nur habe ich wenigstens so viel Selbstvertrauen, daß ganz alleine ich bestimme, welches Lokal „In" ist und welches nicht, und solange ich nicht hingehe, ist es sicher kein „In" Lokal. Aber dieses Selbstvertrauen kann man leider auch nicht mit sehr viel Geld kaufen, und deshalb kann ich die Typen in der „Reisbar" und sonst wo nur mitleidig verachten. Es sind die „Ferngesteuerten", die

---

[2]   franz. Vornehme Gesellschaft

behaupten mit ihrem freien Willen entschieden zu haben, was sie kaufen: sie kaufen einzig die „Modefarbe" der Saison natürlich, nur weil sie jedes Jahr allein an dieser Gefallen gefunden haben, oder nur die Lieder, die ihnen vom Radio täglich Dutzende Male vorgespielt wurden, die sie aber selber frei ausgewählt haben; wehe man wagt ihnen zu sagen, es wurde ihnen einsuggeriert. Im „Micky Maus Land" habe ich festgestellt, daß der Ausdruck „Schafe" auch voll zutrifft. Hier kommt der größte Hohn zum Vorschein, wenn behauptet wird: „Werbung lässt einem die freie Entscheidungskraft"

Nun habe ich bereits ein großes Problem um einen Namen für die sechste Kategorie zu finden, ohne daß ich hier nicht schon einen großen Teil der Leser, auf das fürchterlichste zu beleidigen. Denn wie soll ich die Leute bezeichnen, die ich hier beschreiben will, um mich verständlicher Auszudrücken, möchte ich Einstein zitieren:

„Um sich in einer Schafherde wohl zu fühlen,

muß man vor allem ein Schaf sein"

Wie soll ich nun die sechste Kategorie nennen, um zu verhindern, wenn überhaupt von diesen Kategorien von Leuten auf die Idee kommt mein Buch zu kaufen und zu lesen, daß sie das Buch nicht gleich voll beleidigt weglegen? Niemand hat es gerne, wenn ihm jemand einen Spiegel vors Gesicht hält, und er sich dann wirklich selbst erkennt. Und schon wieder muß ich Jean Jacques Rousseau (1712-1778) zitieren:

„Hüte dich denjenigen die Wahrheit zu sagen,

die nicht imstande sind sie zu begreifen"

Also fällt es mir hier wirklich schwer, ohne überheblich zu klingen, hier einen Ausdruck zu finden, der nicht voll beleidigend ist, denn mir fällt dazu eigentlich nichts anderes ein. Wäre ich wirklich ein Schriftsteller, der ich aber sicher nicht bin, bestens ein „Berichterstatter", täte ich mir leichter. Ich wage es überhaupt nur, solche Beurteilungen über das, meiner Meinung nach, immer mehr zur totalen Verblödung neigende Volk, weil ich mit meinen nun 71 Jahren, und sicher sehr bewegten Leben, genug Erfahrungen gesammelt habe, um hier Vergleiche anstellen zu können.

Hier ist jedenfalls die sechste Kategorie, nicht nur der Österreicher, sondern der gesamten Menschheit:

<u>SELFIDOTEN:</u>

Ja, es geht um „Selfies" und natürlich über die Ferngesteuerten die sie machen. Es ist die Ärgste „Pandemie" die hier ausgebrochen ist, auf der ganzen Welt stehen die „Vollkoffer" mit ihren Smart Phones und machen ihre „Selfies" oder starren, ohne auf ihre Umgebung zu achten, auf den kleinen Bildschirm, ohne Rücksicht, wo immer sie sich auch bewegen. Sie klettern sogar über Umzäunungen oder Absperrungen um ein für sie anscheinend wichtiges „Selfie" zu bekommen. Zum Glück stürzen dann manche ab und kommen ums Leben, womit der Natur wieder gerecht wird und wir einen „Selfidoten" weniger haben. Da sind Leute dabei, die nie in ihrem Leben auch nur einmal einen Fotoapparat in der Hand hatten, die jetzt sinnlos durch die Gegend fotografieren, oder ein „Selfie" mit einem „Prominenten" machen, warum auch immer?

Warum jemand mit einem „Fußball Star", Filmschauspieler oder sogar mit unserer Politikern ein „Selfie" will, ist mir völlig unerklärlich, solche Leute sollten sich in „Behandlung" begeben, denn warum die so was tun, vor allem wem es was bringt, werde ich nie verstehen können. Nur bei wirklich voller „geistiger Umnachtung" könnte mir so etwas einfallen, und ich hoffe nur, niemals in eine solche Demenz zu fallen, um auf eine solch tiefe geistige Ebene zu sinken.

Der Fakt ist: die Smart Phones wurden zur Geisel der Menschheit und sie verblödet noch mehr, als sie sowieso schon ist. Zu den „Selfidoten" könnte man noch eine Untergruppe, nämlich die „Appitoden" dazu fügen, wo es ja solche Vollkoffer gibt, die sich jede nur mögliche APP runter laden und sogar noch stolz darauf sind, mehr APP's als ihr Freund zu haben, da kann man dann auch nur mehr verwundert sagen, was nützt dann ein Datenschutz noch?

Wie ich schon in „Zum Denken verurteilt" und in „Mit jeder APP wirst mehr zum Depp" geschrieben habe, mache ich hier freiwillig Werbung für ein Buch, denn man müsste diese Kategorien dazu zwingen können, von Thomas Wieczorek, sein Buch *„Die verblödete Republik"* zu lesen. Es ist zwar über Deutschland, aber man kann es 1:1 auch für Österreich verwenden.

Warum ich nun, nachdem ich ja gerade am Neunten Buch über meine Segelabenteuer schreibe, und jetzt je nach Stimmung, simultan, an diesem Buch schreibe, ist mir selber etwas unklar, aber um es vielleicht mit den Worten von Mundl auszudrücken: „Mir gehen die Leute und die Situation in Österreich, fest auf den Sack" Dabei hat es sicher nicht mit „Covid 19" (Corona) zu tun, denn für mich hat sich nicht viel geändert, ich treffe sowieso nicht gerne Leute, noch gehen mir Theater oder Museen ab, die kann ich mir sowieso nicht leisten, und was den Einkauf betrifft, ich brauche weder alle paar Wochen neue Schuhe, Gewand oder Möbel, geschweige denn ein neues Handy. Was die Lebensmittel betrifft, selbst als alle Idioten die Supermärkte stürmten um WC – Papier zu horten, was überhaupt nicht verständlich ist, denn wenn sie wirklich Angst haben, daß alles ausgeht und sie nichts mehr zu essen bekommen, dann brauchen sie auch kein WC Papier mehr, weil sie auch nichts mehr zum „scheißen" haben!

Im Supermarkt von *Petite Martinique*, wo wir jahrelang auf unseren Segelboot lebten, gab es noch weniger an Auswahl von Lebensmittel als zur ärgsten Zeit bei uns wo alle Supermärkte leer geräumt wurden. Leider wurde am 3. Jänner 2021 unsere „Key of life I" auf ein Riff getrieben und bis jetzt sicher schon alles geplündert, was gebraucht wurde. Leider ist es in der Karibik egal ob man jemanden dafür bezahlt um seine Muring und Anker zu kontrollieren, sie werden sich trotzdem nicht darum kümmer, wie hunderte Mal bewiesen ist, und ich auch darüber berichtet habe. Speziell in der „dritten" Welt wie Grenada, wo es sicher keine Gesetze gibt die „Ausländer" beschützen, eher das Gegenteil ist dort der Fall, nur in Österreich haben Asylanten, Flüchtlinge und Migranten mehr Rechte als gebürtige Österreicher. Wozu ich aber keine Migranten zähle, nur weil sie in Österreich geboren wurden, aber weder unsere Sprache lernen wollen, geschweige denn unsere Gesetze, Religion und Sitten anzunehmen, dafür aber unser Gesundheitssystem ausnützen und alle Sozialleistungen ausnutzen wo es nur geht. Wer mehr darüber wissen will, bitte auf www.segelclub.ankh-refugium.com nachlesen, oder sich eines meiner Bücher, nicht nur unbedingt über das Segeln kauft, hier der link zu allen Büchern:

https://www.bod.de/buchshop/catalogsearch/result/?q=erich+beyer

Um hier nochmals etwas zu zitieren was Einstein schon sagte:

„Er ist sich nicht sicher ob das Universum unendlich ist,

aber er ist sich sicher bei der Blödheit der Menschheit!"

1.Kapitel

Verblödung des Volkes ist unendlich!

Es ist Ende März 2021 und man kommt daran nicht vorbei, es wird Tag und Nacht über „Corona" geredet, wenn auch meistens nur Blödsinn, speziell von den Politiker, und mir geht, um es im echten wienerisch zu sagen, „daß geimpfte" auf, obwohl meine Erste Impfung mit „Moderna" ohne Probleme war, nur darf ich weder in die Sendung „hohes Haus" oder bei diversen Parlament Sitzungen im Fernsehen zusehen, denn dann steigt wahrscheinlich jedem der Blutdruck. Nicht nur, daß wir nicht schon genug Verschwörungstheoretiker haben, leider auch unter meinen Freunden, die immer noch behaupten „Corona" ist nicht mehr als eine leichte Grippe, und selbst wenn sie wie vor kurzem im AKH eine Krebspatientin mit einem Tumor nicht operieren konnten, weil kein Intensivbett mehr frei war, wird von diesen Leuten immer noch behauptet, alles ist Lüge und nur Panik mache! Dann sagt noch ein SPÖ Politiker aus, daß wegen „Kurz" kein Impfstoff da sein, aber in „Malta" bereits alle durch geimpft sind! Was aber ein Lüge ist, denn der Vollkoffer sollte sich vielleicht mal in Malta umhören um so etwas zu behaupten. Ich brauche keine Medien sondern habe überall Freunde und mir sagte per Email meine Freundin Jill, sie weiß nicht mal wo wer geimpft wurde und sieht alles andere als einen Fortschritt einer Impfung in Malta, und da sie in Malta lebt, wird sie es ja eher wissen als der verblödete SPÖ Politiker, der aber diese Lügen im Parlament verbreiten darf.

Genau so ähnlich haben es mir meine Freunde Elli und Norm aus Kanada berichtet, wo ebenfalls nichts von einer Impfung zu sehen ist. Ebenfalls erfahre ich von Jackie und Yve die in Südfrankreich in „St.Maxime" leben, sie sehen nur Chaos bei den Impfungen und wissen nicht wer schon überhaupt geimpft ist. Aber wie immer, sind sich von

Vier Parteien nur drei einig, nämlich daß die Vierte alles falsch gemacht hat. Auch in den USA ist nicht alles rosig, wie ich von meinen Freunden Carol Anne und John die in Florida leben und auch nur bestätigen können, daß auch dort das verblödete Volk sich nicht an Regeln hält, genau wie bei uns, also wenn wundert es noch, daß wir auf eine vierte Welle zusteuern. Ich hoffe nicht recht zu haben, aber die dritte Welle habe ich schon in meinem vorigen Buch voraus gesagt und leider recht behalten, leider wird es wahrscheinlich trotz der Fortschreiteten Impfungen fast nicht zu verhindern sein. Wer an den Tests verdient ist mir noch nicht wirklich klar, aber wenn ich die „Nasenbohrer" Test in den Schulen verteile, wo eigentlich bewiesen ist, daß davon die Hälfte nicht wirklich richtig anzeigt und falsche Resultate bringt, man aber ein Vermögen ausgibt und sie weiter verteilt, dann frage ich mich schon, wieso so was überhaupt möglich ist. Na gut, man hat ja auch sehr lange gebraucht, obwohl es genug Ärzte gesagt haben, daß auch die Kinder „Corona" übertragen können, bis dann ein paar Kinder auch daran gestorben sind, wurde es auch den dümmsten klar, daß man die Kinder endlich als Überträger einstufte, wobei sie aber sicher in den Monaten davor, zig tausend Erwachsene angesteckt haben.

Zu den Gratis Test die man sich aus der Apotheke holen konnte, waren sie mal fast überall vergriffen und bei meiner Packung fehlte mal die Schachtel wo man die Proben reinstecken konnte, die aber nicht so wichtig ist, aber eine von den fünf Röhrchen enthielt mal keine Flüssigkeit, also kann ich auch nicht testen. Ich kann nur hoffen, daß die Kontrolle bei den Impfstoffen besser ist als bei den Gratis Tests, wo nicht mal fünf Röhrchen in Ordnung sind und auf die Schachtel vergessen wurde. Wenn bei meiner Frau nicht eine Schachtel drinnen gewesen wäre, wüsste ich ja gar nicht, daß da eine drinnen sein soll, aber ein leeres Röhrchen konnte ich natürlich erkennen. Über diese Test hat sich ja schon der Pensionistenverband beschwert, daß er für ältere sehr beschwerlich ist, den Beipackzettel zu lesen und zu verstehen, vor allem eine viel kleinere Schrift wäre ja fast nicht mehr möglich gewesen. Dann will ich gar nicht von der vielen Migranten reden, die auch nach zig Jahren in Österreich, zu faul waren unsere Sprache zu lernen und somit den halben Text mal sicher nicht verstehen, hoffentlich verstehen sie die bildliche Erklärung. Wie weit nun dieser Test wirklich was aussagt ist auch fraglich, speziell wenn sich die Leute selber in die Nase fahren müssen und es auch wirklich tief genug machen weil es sonst unangenehm ist? Wie es sicher bei den Schulkindern der Fall war und deshalb die Hälfte davon unbrauchbar war.

Hier mal mit einer Geschichte an, die nicht von mir ist, sonder aufzeigt was bei uns alles möglich ist, und für was bei uns Geld ausgegeben wird.

Kaufhaus Österreich, der „Flopp" einer Webseite![3]

Von <u>Gerald Demmel</u> Web Veröffentlicht am 9. Februar 2021

Der Handel ist vom Lockdown schwer geschädigt. Die Regierung reagierte viel zu spät mit einem Online-„Kaufhaus Österreich". Die Webseite kostete 1,26 Millionen Euro und hat mehr Schwächen als Funktionen. Zu kaufen gibt es im Kaufhaus auch nichts. Nach drei Monaten fällt dem Wirtschaftsministerium ein, dass es gar keinen Shop betreiben darf und sperrt das „Kaufhaus Österreich" wieder zu.

Es ist eine unglaubliche Pannenserie: Wirtschaftsministerium und Wirtschaftskammer erstellen einen „österreichischen Online-Shop". In dem Shop funktioniert so gut wie gar nichts und er kostet mit 1,26 Millionen Euro doppelt so viel wie eigentlich geplant. Drei Monate nach Start des Projekts wird die Homepage wohl wieder eingestellt, da das Ministerium plötzlich bemerkt, dass es gar keinen Onlineshop

---

[3] Info von: https://kontrast.at/kaufhaus-oesterreich-kosten-shop/

betreiben darf. Zum Vergleich: Alle Buchhändler Österreichs bekamen zusammengenommen nur 20.000 Euro Förderung für das Erstellen von Online-Shops.

Der Lockdown im Herbst, kurz vor Weihnachten, hat den österreichischen Handel schwer getroffen. Und das in einem Jahr, das ohnehin von zeitweiligen Schließungen und weniger Kunden geprägt war. Viele Menschen stiegen aus Angst vor Corona auf Online-Shopping um, große Händler wie der Krisengewinner Amazon durften sich über zahlreiche neue Kunden und Rekordeinnahmen freuen. Mit dem „Kaufhaus Österreich“ wollen Wirtschafts- und Digitalministerin Margarete Schramböck und WKÖ-Präsident Harald Mahrer nun „den heimischen Online-Handel stärken und Regionalität mit dem Digitalen verbinden“. Das wird schwierig, denn im Kaufhaus Österreich findet man keine Produkte, man kann lediglich nach Händlern suchen.

Eine Übersicht über Online-Händler hat übrigens schon existiert. Die Publizistin Nunu Kaller hat bereits im Frühling eine Initiative „mit ein paar Tausendern an Spendengeld“ gestartet, die österreichische Online-Händler auflistet. „Kaufhaus Österreich ist genauso wenig eine Antwort auf Amazon wie es meine Liste ist. Und obwohl ich mich über alles freu, das UnternehmerInnen momentan hilft, halt ich das Kaufhaus Österreich für einen Rohrkrepierer.

Die Leute checken doch, dass da kein Mehrwert zu bisherigen Seiten besteht, und gleichzeitig kann man sich eigentlich nur ärgern, weil die 627.000 besser eingesetzt hätten werden können“, schreibt Kaller auf Facebook.

In Österreich werden übrigens jährlich etwa 7,4 Milliarden Euro über Verkäufe auf Plattformen umgesetzt. Ungefähr ein Prozent entfällt dabei auf heimische Anbieter. Laut Umfrage unter Unternehmern,

bieten 54 Prozent der österreichischen Verkäufer ihre Waren online an.

Nach 3 Monaten sperrt das Kaufhaus Österreich wieder zu

Drei Monate nach Projektstart sperrt das Kaufhaus Österreich wieder zu, <u>berichtet etwa der Standard</u>. Das Wirtschaftsministerium kommt drei Monate nach Start des 1,26 Millionen Euro Projekts drauf, dass es gar keinen kommerziellen Marktplatz betreiben dürfe. Außerdem sei die schlechte Nutzbarkeit ein Problem gewesen. Möglicherweise werde man die Seite als Firmenverzeichnis weiterführen.

Die Erstellung eines Firmenverzeichnisses könnte sich aber ebenfalls als unnötig herausstellen. Denn eine Übersicht über Online-Händler hat längstens existiert.

Kostenexplosion auf 1,26 Millionen Euro

<u>Eine Recherche des Blogs „derBörsianer.com"</u> zeigt, dass der kaputte Online-Shop sogar weit mehr als ursprünglich kolportiert gekostet hat. War in der Vergangenheit immer von 627.000 Euro die Rede, die das Wirtschaftsministerium beim Fenster hinauswarf, beläuft sich die Summe inzwischen auf 1,26 Millionen Euro.

Österreichs Buchhändler erhalten 180 Euro Förderung pro Webshop

Österreichs Buchhändler müssen sich mit etwa 180 Euro Förderung pro Webshop zufriedengeben. Für alle 1.100 heimischen Buchhandlungen hat die Regierung nämlich insgesamt 200.000 Euro zur Verfügung gestellt als Förderung zur Einrichtung von Online-Shops.

Dazu kommt meine Erfahrung, mit den diversen Angeboten und Werbung die sie z.B. mit „shoepping.at" gemacht haben, und die Werbung im TV sicher auch ein Vermögen verschlungen hat. Da ich mich als Patriot und Österreicher bezeichne, und vor allem ein „Gegner" von „Amazon" bin, und diesen Onlineshop nicht unterstütze, versuchte ich ein paar Sachen auf dieser Webseite „shoepping.at" zu kaufen, was aber leider wie bei „Kaufhaus Österreich" voll in die „Hose" ging und überhaupt nichts brachte. Die Angebote von dieser Webseite und von „shoepping.at" waren gerade vielleicht „drei" Prozent was von anderen Webseiten angeboten wurde, geschweige denn von „Amazon"! Nur wenn ich „Fliegermütze" bei „Amazon" eingebe, bekomme ich 48 Angebote von 9,99 € bis 149.- € aber bei „shoepping.at" bekomme ich unter Fliegermütze überhaupt kein Angebot, und unter „Sturmmütze" ein einziges, eine Neopren Maske um 19.99€, also warum in alles in der Welt, sollte jemand dann auf einer komplett unnötigen Webseite was einkaufen? Und nochmals, warum in aller Welt wird dafür ein Vermögen an Werbung ausgegeben, wenn jeder am Ende wieder bei „Amazon" landet?

Sonntag 28. März 2021

Ich habe zwar auch schon in meinen anderen Büchern darüber geschrieben, aber man kann es nicht oft genug sagen, denn was der ORF mit dem GIS bei uns macht, ist eindeutig Diktatur! Man kann keinen Fernseher dazu benutzen, seine Videos oder DVD's darauf anzusehen, denn egal ob man einen Empfang hat oder nicht, ob er schlecht ist oder nicht, wenn man im Sendebereich eines Senders ist der ORF ausstrahlt muß man GIS bezahlen, es ist eine Zwangsmitgliedschaft gegen man sich nicht wehren kann. Es müsste schon beim Kauf darauf hingewiesen werden, und zwar schriftlich, daß der Kauf des Fernsehers verpflichtend ist, daß man GIS bezahlen muß, wenn nicht macht man sich in Österreich strafbar. Auch eine Anfrage von mir beim BVG wurde abgewiesen, wir haben keine Rechte in unserem Land. Noch dazu muß man sich die verblödete Werbung ansehen, von der, der ORF aber genug Geld nimmt, und noch dazu staatliche Förderungen erhält! Dann gibt es für die „Nasenbohrer" natürlich nur Fußball zum sehen und wie am 28. März das erste Formel 1 Rennen nicht mal übertragen wurde, sondern nur vom Privat Sender „Servus TV" aber nicht vom ORF, und da rede ich gar nicht von „Moto GP" der auch nicht vom ORF übertragen wird, und unser saublödes Volk lässt sich das natürlich gefallen, und kann sich nicht durchringen, alle mal den Fernseher abzumelden, denn könnte auch trotz Subventionierung vom Staat, der ORF ohne Werbung sofort zudrehen, oder müssten das besch… Programm gratis senden, aber keine Berechtigung für den GIS haben. Auch am 23. Mai 2021 wurde vom ORF nicht das „Formel 1" Rennen aus Monaco übertragen, sondern nur vom „Servus TV" aber es wird nichts ändern, unser verblödetes Volk wird weiterhin das GIS zahlen, weil sie alle nicht fähig sind darüber mal nachzudenken, und somit kann man unser blödes Volk weiterhin in allen Richtungen bescheißen und alles einreden was man will, sie werden es glauben, denn warum sollten sie jetzt auf einmal zum Denken anfangen?

Aber anscheinend brauchen unsere sechs Kategorien Österreicher die Werbung, denn wie verblödet muß ein Volk sein, wenn man ihnen die Werbung einreden kann, daß ein unbegrenzter Zugang zum Internet mit unlimitierten Gigabytes, mit „Freiheit" zu assoziieren ist, so was kann man ja nur Vollidioten einreden, die noch nie gewusst haben, was Freiheit ist, geschweige denn jemals erlebt (gelebt) haben. Sie werden ewig und immer eben nur ferngesteuerte Nasenbohrer bleiben! Für diese „Selfidoten" genügt es ihr sch… „Smart Phone" zu haben, um zu glauben, daß sie nun frei sind! Dann trauen sie sich noch vier verblödete Leute zu zeigen, die eine Freude daran haben auf dem Sofa zu sitzen und in EIN Smart Phone oder Tablett zu schauen, wo man schon alleine einen Schmarrn darauf sieht, geschweige denn wirklich was erkennen kann, und da haben vier Vollkoffer eine Freude daran? Also wenn sich auf Grund dieser Werbung jemand verleiten lässt, ein Produkt zu kaufen, dann gehört er eigentlich weggesperrt, und sicher dürfte er nicht Wahlberechtigt sein, denn die können ja nur „gehirnamputiert" sein.

Dienstag 30. März 2021

Auf der Ost Autobahn blockieren hunderte, mit einer unangemeldeten und nicht genehmigter Demonstration linke „Gutmenschen" und schränken damit nicht nur den Verkehr mit sieben Kilometer langen Stau ein, sondern auch die Freiheit vieler Menschen die dadurch Schaden, nicht nur psychisch sondern auch sicher wirtschaftlich erleiden, weil diese „Vollkoffer" die Abschiebung von Asylanten, größten Teils Afghanen verhindern wollen. Dazu ist zu sagen, 12 von diesen sind bereits gerichtlich verurteilt worden, wegen sexueller Belästigung, Drogen und schwerer Körperverletzung. Es werden 76 Demonstranten festgenommen, was wieder jede Menge Arbeit und Geld kostet, und die „Grüne" Exbürgermeisterin „Birgit Hebein" (an ihr sieht man wie weit die Politik von den „Grünen" von der Realität entfernt ist), sie wird nur angezeigt. Man sollte diese „Gutmenschen" mal zu diesen Asylanten ins Gefängnis sperren, dann würden sie sehen wie viel sich diese Asylanten verhalten und wie viele Rechte die sie dann in der Zelle haben würden. Jeder dieser Teilnehmer gehört nicht nur ins Gefängnis sonder sollte eine Geldstrafe dazu kommen woran er zehn Jahre brauchen würde sie zurück zu zahlen, wie in den USA wo Gelstrafen so hoch sind, daß es sich diese Idioten auch merken, wenn sie mit solche einer Aktion wegen 12 Verbrecher tausende Menschen ihr persönliche Freiheit einschränken.

1.4.2021 Gründonnerstag

Langsam zweifel ich an der Regierung und ihren Verordnungen, denn ich kann beim besten Willen nicht erkennen, was es für einen Sinn machen soll, wenn Großmutter und Großvater zusammen leben, es darf aber nur EINER zu den Kindern auf Besuch kommen? So was kann ja nur einen total verblödeten Gehirn einfallen, bitte, welche Idioten in unserer Regierungen fällen solche Entscheidungen? Wer solch eine Entscheidung trifft gehört ja sofort eingewiesen, da wundert es mich nicht, daß sogar das blödeste Volk einmal auf die Barrikaden geht, und solche Idioten nehmen noch Lohn von unseren Steuergeldern! Das unser Volk zu blöd für eine Demokratie ist, war mir schon lange klar, aber Leute die solch eine Entscheidung treffen, sind für ihren Job auch zu blöd, und dürfen sich nicht wundern, daß sich dann niemand mehr an irgendwelche Regeln von solchen „Vollkoffer" hält, die von einem wirklich verblödeten Volk in die Regierung gewählt wurden. Aber wie sagte schon Rosa Luxenburg:

*„Wenn Wahlen was verändert würden, dann würde man sie
verbieten"*

Das noch mal zur Regierung:

**REGIERT ZU WERDEN HEISST,
BEI JEDER HANDLUNG, JEDEM GESCHÄFT, JEDER
BEWEGUNG NOTIERT, REGISTRIERT, ERFASST, TAXIERT,
GESTEMPELT, VERMESSEN, BEWERTET, VERSTEUERT,
PATENTIERT, LIZENZIERT, AUTORISIERT,
BEFÜHRWORTET, ERMAHNT, BEHINDERT, BERICHTIGT ...
AUSGENÜTZT, BEHERSCHT, ERPRESST, GEDRÄNGT,
GETÄUSCHT, BERAUBT ZU WERDEN; ALLES IM NAMEN
DES ÖFFENTLICHEN NUTZENS UND DES GEMEINWOHLES.**

**Zitat des französischen Sozialtheoretikers Pierre-Joseph Proudhon
(1809-1865) aus seinen 1851 erschienen Buch**

"Idèe gènèrale de la rèvolution au XIXème siècle"

Genau so die Diskussionen über sogenannten „Postenschacher" wie verblödet muß jemand sein, der nicht durchblickt, das es immer so war, und immer so sein wird! Immer zählte das Parteibuch, ob bei Postenvergabe oder einer Vergabe einer Gemeindebauwohnung! Egal welche Regierung an die Macht kam, alle Posten gingen vom Minister bis zum Beamten an die Parteitreuen Mitglieder, „eh kloar"!

Dann redet natürlich jede Partei in Opposition, daß es bei der neuen Regierung nur um Postenschacher geht! Ja, aber es ist noch nie um etwas anderes gegangen, alle Ministerien werden neu besetzt, auch wenn die Nachfolger noch größere „Vollkoffer" sind als die Vorgänger und noch weniger Ahnung von der Materie haben. Hauptsache ist doch, daß sich die Koalitionspartei ein paar Sitze unter den Nagel reißen können. Es war nie anders und wird nie anders sein. Bei den Verhandlungen geht es um vieles, aber sicher nicht um das Wohlergehen von Österreich und dem Volk.

Egal ob es in „China Town" in „New York" ist oder in der Judengasse in Wien ist, jeder wird ein Geschäft mit seinen Freunden machen und sicher nicht mit Fremden! Da sind „Farbige" weil „Neger" darf man ja nicht mehr sagen, sowie Juden, Latinos, Chinesen usw. die weit größeren Rassisten, und daß ist sicher nicht abzustreiten, und ich bin gerne bereit nie mehr „Neger" zu sagen, wenn Millionen von Mexikanern und Venezolaner zu uns nicht mehr „Gringos" sagen würden, was die in hundert Jahren nicht tun würden, denn sie „scheißen" auf solche Verordnungen einer Regierung die alles unterstützen wie „Black life matters" was ist mit unserem Leben von den Weißen? Wir haben mit Freunden in den USA gesprochen die Arbeitslos waren, und das war 2002 und da haben uns „weiße" Busfahrer gesagt, sie haben keine Chance einen Job zu bekommen, denn wegen der „Rassendiskriminierung" bekommen jetzt nur „Farbige" den Job und die „Weißen" werden zurück gestellt. Dann haben wir erlebt, wie ein 150 kg schwerer „Farbiger" im Bus mit dem Handy die ganze Zeit über, während der Fahrt telefonierte, natürlich ohne Freisprecheinrichtung, und solche Leute bekommen dann einen Posten als Busfahrer und ein „Weißer" blieb arbeitslos!

Ebenfalls heute wieder in den USA ein „Farbiger" erschossen worden der in seinem Auto fliehen wollte, nun hätte man natürlich nach Ansicht der „black lifes matter" Anhänger, den von der Polizei gesuchten, lieber fliehen lassen sollen. Nun warum wird eigentlich nie so viel darüber berichtet, wenn „weiße" erschossen werden, daß wahrscheinlich in den USA genau so täglich passiert, aber beim neuen „Mode Gag" zählt ja nur über „Farbige" zu berichten, da bleiben anscheinend „weiße" auf der Strecke. Immer sollen wir unsere Migranten und Asylanten respektieren, die aber auf uns, unsere Sitten und Regeln „scheißen" und sich nicht einordnen wollen, aber wir sollen sich nach ihnen richten, wie sehr soll man uns noch ins Hirn scheißen? Es sind nur die verblödeten „Gutmenschen" die solche Sachen voran treiben und somit noch mehr Hass verbreiten als sowieso schon ist. Da sind wir wieder bei Humbold der sagte:

„Die gefährlichste Weltanschauung ist von Leuten die sich die Welt noch nie angeschaut haben"

Und daß trifft auf unsere „Gutmenschen" sicher zu.

2. Kapitel

Zur Werbung zu Elektroautos

Was sie zeigen hat nichts mit Werbung zu tun, sondern eher mit der totalen Verblödung des Volkes und es ist eine Zumutung, denn es ist nicht nur saublöd, sondern diese Werbung muß jeden weh tun, der einen höheren IQ als 10 hat. Was mich aber traurig stimmt, und vor allem nachdenklich, wie blöd muß unser Volk eigentlich sein, wenn wirklich irgendein „ferngesteuerter Nasenbohrer" auf Grund solch einen saublöden Werbung, dann ein Produkt kauft? Also wenn das bei manchen wirklich was bringt, macht mich das noch mehr ängstlich, da ich ja von diesen Leuten umzingelt bin, und was noch schlimmer ist, sie dürfen frei umherlaufen und sind wahlberechtigt, was wieder beweist, das mit solchen Leuten eine Demokratie nicht funktionieren kann, denn wenn solche Werbung eine Kaufentscheidung bei den sechs Kategorein von Menschen bewirken kann, dann sind sie sicher nicht fähig auch nur eine Entscheidung zu treffen, wer uns regieren soll, deshalb haben wir nur unfähige, korrupte Politiker in diesen Ämtern sitzen.

Man macht Werbung bei einer Autofirma, wo ein saublödes kleines Kind mit Elektroblitzen herumfuchtelt, warum auch immer, schon alleine wegen diesem Kind in dieser wirklich saublöden Werbung würde ich dieses Auto sicher nicht kaufen, überall preisen sie E-Autos an, aber niemand erzählt von dem Schaden der schon beim Abbau der Materialien für die Lithium-Ionen Akkus entstehen, und auch nicht welche Probleme es beim Recyceln, daß überhaupt nur mit vielen Problemen möglich ist, gibt! Wenn ich an die Batterie ín meinem Computer oder Handy denke, dann glaube ich, daß die Batterien nicht mal fünf Jahre in den Autos wirklich halten werden, also im Grunde sich diese „geförderten" E-Autos eigentlich nie amortisieren werden, aber sehr viel Umweltschaden anrichten, auch noch lange wenn sie nicht mehr im Betrieb sind. Meiner Meinung nach haben wir nicht nur mit dem Internet, sondern mit der Erzeugung der millionen Lithium-Ionen Batterien die „Büchse der Pandora" geöffnet, und der Folgeschaden wird uns noch mehr auf den „Kopf" fallen, als es die Klimaerwärmung sein wird, es ist wahrscheinlich ähnlich wie es uns mit dem Atommüll geht.

Was bei Unfällen passieren kann, habe ich schon in meinem Buch, „Mit jeder APP wirst mehr zum Depp" geschrieben:

Besonders „In" ist es ja jetzt, daß jeder „Möchtegern" ein Elektro Auto fährt, was ja angeblich so Umwelt schonend sein soll. Überall sollen E-Tankstellen eingerichtet werden. Dabei haben sie alle übersehen, daß seit dieser „run" auf die E-Autos begann, der anfänglich relative billige Strom, nun auch schon wesentlich teurer geworden ist. Von dem Schaden an der Umwelt, was für den Abbau von Lithium und anderen Ressourcen nötig ist, wird eher wenig geredet, nur „Zuckerln" von der Regierung versprochen, die in Jahren das nicht gut machen können, was uns die Autos und ihre Erhaltung am Ende kosten werden.

Das dann nach einem Unfall, ich glaube es war sogar ein Tesla, niemand das Auto entsorgen konnte, da die Batterie so viel Hitze abgab und kurz schloß, und man musste dann das Auto in einen Container mit Wasser stellen, damit nicht noch mehr passiert. Man kann dann nur hoffen, falls ein Unfall mit einem E-Auto passiert, das immer ein Swimming Pool in der Nähe ist, um die Autos sicher abstellen zu können. Ich weiß jetzt natürlich nicht, wie viel Schaden da bei diesem Unfall passiert ist, vor allem das die Einwirkung des Unfalls sogar bis in die „Tiefen" der Batteriekonstruktion kam. Aber eines ist sicher, wenn an dem Tesla noch irgendwas zu verwenden oder reparieren gegangen wäre, nach dem Wasserbad ist sicher alles wegzuwerfen gewesen, an eine Reparatur ist sicher nicht mehr zu denken, nicht einmal die Sitze könnte man nochmals verwenden. Eines ist sicher, wenn sich dann alle ferngesteuerten Vollkoffer ein E-

Auto gekauft haben, werden die Strompreise an den E-Tankstellen genau so ansteigen, wie es bei Diesel der Fall war. Auch da sind die Zahlen wie bei den LED, Angaben die sich wer ausgedacht hat, um dem verblödeten Volk wieder was einzureden. Denn er soll einmal die angegebenen Kilometer fahren, wenn es Winter ist, er die Lichter, Scheibenwischer und die Heizung braucht und sehen wie weit er dann kommt? Hoffentlich hat er eine Ersatzbatterie mit. Was mich noch nachdenklicher stimmt, denn wenn ich bedenke wie lange heute so eine Handy Batterie oder vom Smart Phone hält, wo man bei vielen gar keine Batterie mehr selber tauschen kann, dann zweifel ich stark an, daß es sich jemals amortisiert, denn eine neue Batterie wird dann sicher das teuerste an den E-Autos sein. Aber von dem wird ja nicht geredet, der ferngesteuerte Autofahrer lebt ja in der „jetzt" Zeit.

Wie ich recherchiert habe, hat die Batterie eine Lebensdauer von ca. acht Jahren, dann kostet eine neue Batterie aber den halben Preis eines neuen E-Auto! Also wer gibt so viel Geld für eine neue Batterie aus? Noch ärger, laut einem Bericht, kann Lithium und Kobalt nicht recycelt werden, und die Batterie muß geschreddert, und dann in einem Hochofen verbrannt werden, mit hohen Emission Ausstoß, wo die Umwelt noch mehr belastet wird! Warum sagt man das nicht beim Kauf eines E-Autos dem verblödeten Volk? Die Kinderarbeit bei Abbau von Lithium und Kobalt will ich gar nicht weiter beschreiben, wie kann eine Regierung den Kauf von E-Autos unter dem Vorwand des Klimaschutzes unterstützen und noch fördern? Das ist die nächste und größte Lüge, die uns die Regierung unterjubelt!

Fazit ist: Egal welche Regierung gerade dran war, wir wurden und werden noch immer von hinten bis vorne belogen, was die Einsparung von Energie betrifft. Es ist egal welche Lügen man uns erzählt. Am Ende wird es das verblödete Volk bezahlen müssen solange es keinen Weg gibt, die „Schuldigen", nämlich Abgeordnete, Minister und Beamte, die solche Pläne, wie z.B.: „Energiesparlampen", verbreiten können und Gesetze und

Maßnahmen bestimmen, auch bestrafen kann. Was natürlich nie der Fall sein wird, weil da der Spruch zutrifft.

„Keine Krähe, hackt einer anderen ein Auge aus"

Das Beste ist ja, daß unsere Politiker, von denen ich sicher keinen gewählt habe, immer davon reden, daß Österreich beim Klimaschutz eine Vorbild Rolle in der EU sein soll. Nein nicht nur in der EU sondern in der ganzen Welt. Wie vertrottelt ist denn eine solche Anschauung? In Polen, das ja zur EU gehört, wird weiter genug Kohle abgebaut, und der CO_2 Level, ist ihnen dabei sicher komplett egal, Hauptsache sie sind in der EU.

Australien hat die größten Kohleabbau Gebiete und macht damit auch das meiste von ihrem Staatseinkommen, also wird es sicher nicht damit aufhören, CO_2 hin oder her. Die USA denkt nicht mal daran sich an etwas zu halten, und von China und anderen Ländern rede ich hier gar nicht. Aber wir sollen eine Vorbildrolle einnehmen? Solche Leute sitzen bei uns in der Regierung und im Parlament und bestimmen über unser Leben, nur dürften sie vom „Leben" wirklich keine Ahnung haben, sonst könnten sie nicht solchen „Müll" (GALIMATHIAS[4]) von sich geben. Wenn ich dann mal in die Sendung „Hohes Haus" rein höre, daß sollte ja das Parlament sein, ist aber eher ein PANDÄMONIUM [5], kann ich nur sagen: „Einen Kübel, mir wird übel" Wer hat Euch denn gewählt?

Dann redet natürlich jede Partei in Opposition, daß es bei der neuen Regierung nur um Postenschacher geht! Ja, aber es ist noch nie um etwas anderes gegangen, alle Ministerien werden neu besetzt, auch wenn die Nachfolger noch größere „Vollkoffer" sind als die Vorgänger und noch weniger Ahnung von der Materie haben. Hauptsache ist doch,

---

[4] GALIMATHIAS gr.-frz. Unklares, unsinniges Gerede
[5] PANDÄMONIUM gr. Versammlungsort aller bösen Geister

daß sich die Koalitionspartei ein paar Sitze unter den Nagel reißen können. Es war nie anders und wird nie anders sein. Bei den Verhandlungen geht es um vieles, aber sicher nicht um das Wohlergehen von Österreich und dem Volk.

Wir haben Anfang April 2021 und vor ein paar Tagen ist *Hugo Portisch* gestorben, sicher einer der Besten Journalisten die Österreich hatte, ein sehr großes Vorbild von mir, obwohl ich ihm sicher nie das Wasser reichen könnte, aber was er mal sagte, klingt mir noch immer in den Ohren. Irgendwann wollte ihm jemand dazu überreden sich als Bundespräsident aufstellen zu lassen, worauf er die wahren Worte sagte: „Er ist Journalist geworden, weil er über die Wahrheit berichten will, somit kann er nie ein Politiker werden". Schade um ihn, Österreich hat einen großen Mann verloren, der sicher nicht leicht von jemandem ersetzt werden kann, speziell wenn ich mir die „Journalisten" anschaue die für div. Boulevard Blätter arbeiten.

Hier noch ein paar Infos die nicht von mir sind:

Quelle: Energie Experten

Wie viel Energie steckt im Akku?

Die Untersuchung basierte nicht auf neuen Datensätzen. Stattdessen analysierten die Autorinnen bereits publizierte Berichte und Studien und beurteilten sie nach wissenschaftlicher Qualität und Glaubwürdigkeit. Nachdem sie einige der überprüften Studien verwarfen, kamen sie zu dem Schluss, dass die Produktion der Batterien für jede Kilowattstunde Speicherkapazität 350 bis 650 Megajoule (umgerechnet 97 bis 180 kWh) an Energie verschlang und zwischen 150 und 200 Kilogramm CO_2 verursachte.
Daraus folgte, dass eine sehr große Batterie von 100 kWh, wie sie in einem Tesla S stecken kann, zwischen 15 und 20 Tonnen CO_2-Emissionen verursacht hat, bevor das Auto auch nur einen Kilometer

gefahren ist. Eine kleinere Batterie von 30 kWh wie im Fall des Nissan Leaf belastet das Klima demnach mit 4,5 bis 6 Tonnen CO_2.

Aufschrei in den Medien

In den Medienberichten wurde eine Gegenüberstellung besonders lautstark wiedergegeben, die nicht in der Studie von Romare und Dahllöf enthalten ist. Mats-Ola Larsson, ein Kollege der Autorinnen, hatte nämlich auf Basis der oben genannten Zahlen ausgerechnet, dass ein E-Fahrzeug ganze 100 000 Kilometer bzw. 8 Jahre komplett emissionsfrei gefahren werden müsste, bevor es umweltfreundlicher unterwegs sei als ein durchschnittliches Dieselauto. Für die Berechnung wurden die Emissionen (Mittelwert rund 18 Tonnen CO_2) aus der Batterieproduktion mit den Emissionen verglichen, die aus der Nutzung eines durchschnittlichen Verbrennungsautos unter schwedischen Bedingungen hervorgehen. Die Rechnung berücksichtigte auch den CO_2-Ausstoss für Herstellung und Transport des Treibstoffs (Diesel oder Benzin).

Allerdings wurde die Ökobilanz der fossilen Kraftstoffe etwas verbessert, weil ein erneuerbarer, CO_2-neutraler Anteil an Biotreibstoff von 18 Prozent im Diesel bzw. Benzin angenommen wurde. Dieser Wert sei im schwedischen Markt üblich. Der Vergleich nahm auch nicht die von den Herstellern deklarierten Emissionen von 130 Gramm CO_2 pro Kilometer an, sondern addierte diesem Wert 40 Prozent dazu, die erfahrungsgemäß der Abweichung zwischen Deklarations- und Praxiswerten entsprechen. Mit den erwähnten Korrekturen ergab sich ein totaler Emissionswert von 180 Gramm CO_2 pro Kilometer.

Irreführender Vergleich von E-Auto und Verbrenner

Doch der Vergleich hinkte an einer wichtigen Stelle. Fairerweise hätten ein Elektro- und ein Verbrennungsauto der gleichen Größenklasse verglichen werden müssen. Im schiefen Vergleich wurde jedoch die sehr große Batterie eines Luxus-E-Fahrzeugs (Tesla

Model S) den Betriebsemissionen eines durchschnittlichen Dieselfahrzeugs gegenübergestellt. Es ist anzunehmen, dass ein Dieselauto der Komfortklasse weniger gut abschneiden würde. Wenn ein Verbrennungsfahrzeug der Oberklasse rund 10 bis 12 Liter Treibstoff pro 100 Kilometer verbraucht, ergibt das etwa 300 Gramm CO_2 pro Kilometer. Damit liegen die CO_2-Emissionen für ein solches Auto ungefähr um den Faktor 1,6 über dem im schwedischen Vergleich zugrunde gelegten Durchschnitt. Das bedeutet, dass das Luxus-Elektrofahrzeug bereits nach knapp 70 000 statt 100 000 Kilometern oder rund 5 statt 8 Betriebsjahren mit dem Dieselauto gleichziehen würde.

Quelle: www.sueddeutsche.de

Kobalt kommt meist aus dem Kongo und wird oft mithilfe von Kinderarbeit gewonnen

Ein Problem ist das kunterbunte Durcheinander verschiedener Batterietypen. Jeder Hersteller behandelt seine Akkus als Betriebsgeheimnis, zudem ändert er dauernd die Zellchemie. Ohne genaue Baupläne und Inhaltsangaben wird aus Altbatterien statt hochwertigen Rohstoffs nur Einheitsschlacke. Apple will den Prozess selbst in die Hand nehmen, um seine Geräte langfristig komplett aus Sekundärrohstoffen bauen zu können. Der Computerhersteller rechnet vor, dass in 100 000 iPhones unter anderem 1900 kg Aluminium, 710 kg Kupfer, 770 kg Kobalt und elf kg Seltene Erden stecken. Der eigens entwickelte Recycling-Roboter Daisy kennt die Baupläne von neun iPhone-Versionen. Statt den Elektroschrott durch den Schredder in einen Hochofen zu jagen, zerlegt der Werkzeugarm 200 Smartphones pro Stunde mit chirurgischer Präzision. Außer im holländischen Breda gibt es den Recycling-Roboter aber erst in Austin, Texas.

Standard ist die planmäßige "Rückwärts-Fertigung" noch lange nicht, schon gar nicht bei Industriebatterien. Wenn 2025 tatsächlich ein Viertel aller neuen Autos elektrisch fahren soll, wie die EU-

Kommission fordert, dann werden rund 20 Millionen E-Mobile auf Europas Straßen unterwegs sein. Die Deutsche Rohstoffagentur Dera rechnet mit einem Jahresbedarf von 700 Gigawattstunden an Akkuleistung im Jahr 2026. Fast zwei Drittel davon entfallen auf Antriebsakkus. Das entspricht 20 Gigafactories nach dem Vorbild von Teslas Batteriefabrik in Nevada.

Die Kobalt-Nachfrage wird sich laut Dera bis dahin auf rund 225 000 Tonnen verdoppeln. Bisher stammen erst zehn Prozent des bläulich schimmernden Erzes aus dem Recycling. Daran wird sich so schnell nichts ändern: VW garantiert für seine Lithium-Ionen-Akkus nach acht Jahren eine Restkapazität von 80 Prozent. Dann lassen sie sich zum Beispiel als stationäre Speicher für Photovoltaik-Anlagen weiternutzen. Erst ab 2025 werden also größere Mengen zurück in den Kreislauf kommen.

Bis auf Weiteres werden Europa und die restliche Welt auf Kobalt aus dem Kongo angewiesen sein. "Auch die größten Projekte, die derzeit neu entwickelt werden, befinden sich alle im Kongo, so dass die Angebotskonzentration bis 2026 auf über 70 Prozent zunehmen wird", so Siyamend Al Barazi: "Weil der Aufbau neuer Förder-Kapazitäten nicht mitkommt, kann es zu erheblichen Problemen in der Versorgung kommen", warnt der Kobaltexperte der Dera. Dabei berücksichtigt die Rohstoffagentur bereits einen veränderten Metallmix für Lithium-Ionen-Batterien: Dank neuer Entwicklungen lässt sich der Kobaltanteil, der für die Langzeitstabilität der Kathoden sorgt, halbieren. Das ist gut für den Rohstoffverbrauch und die Versorgungssicherheit. Das Recycling wird durch den schrumpfenden Anteil des Edelstoffs aber noch unwirtschaftlicher.

Kobalt aus dem Kongo zeigt die schmutzige Seite der Energiewende. Kinderarbeit und die Finanzierung von kriegerischen Konflikten sorgen immer wieder für Skandale rund um den Konfliktrohstoff. Laut Dera weist Kobalt die höchsten Beschaffungsrisiken unter allen Batteriematerialien auf. Einer Studie des Helmholtz Instituts Ulm (HIU) zufolge könnte die Nachfrage nach Antriebsbatterien die heute

Eine Eindeutige Aussage über das Internet zu bekommen, wie lange eigentlich die Aufladezeit eines Elektroautos ist, macht schon viel Problem. Man kommt auf zig Internet Seiten ohne eine wirkliche Aussage darüber zu bekommen, die meisten davon wollen eine Ladestation oder Ladekabel verkaufen. Jedenfalls ist es ohnehin schon eine Diskriminierung von einem Durchschnittsbürger, nämlich jenen die keine Garage oder Carport haben wo sie eine eigene Ladestation haben, denn im Gemeindebau, falls es eine Garage gibt, gibt es sicher nicht so viele Steckdosen zum anstecken, geschweige denn Ladestationen die gerade dann frei sind wenn man sie braucht. Wenn man bedenkt, daß man je nachdem wie weit die Batterie schon leer ist, entweder über Nacht oder zumindest ein paar Stunden braucht, dann frage ich, wie jemand der zu Hause keine Möglichkeit hat zu laden, und dann zu den immer teurer werdenden Stromtankstellen fahren muß, wie soll das dort gehen? Es ist ja sicher nicht in fünf Minuten aufgeladen? Also sitze ich dann stundenlang im Auto, oder gehe ich vielleicht im Regen spazieren? Jetzt in der Corona Zeit kann ich nicht mal auf einen Cafe gehen, also ich persönlich kann auf diese umständliche Ladeprozedur gerne verzichten, da sie alles andere als Umweltfreundlich sind, wie uns die Regierung immer vorlügt, vor allem wo der Strom zum Laden eigentlich herkommt, und ich, somit sicher kein Elektroauto haben will.

3. Kapitel

Corona, Datenschutz und Migranten

6. April 2021   Wieder Daten aus „Face Book" 533.000.000 Weltweit und 1.300.000 Accounts in Österreich gehackt, somit alle Adressen und Telefonnummern für weitere Betrugsversuche veröffentlicht worden. Wenn ich gehässig wäre, würde es mich freuen, denn für mich sind alle diese sogenannte „Sozial Medien" der größte „Schaas" der überhaupt für die ferngesteuerten Nasenbohrer gemacht wurden, denn für mich sind sie genau so notwendig wie ein „Kropf". Leider für viele die Einzige Ausdrucksweise sich mit der „Welt" verständigen können, um dem Rest der Welt zu sagen wann sie ihren Gang zum WC machen, das es anscheinend welche auch interessiert, mich sicher nicht. Oder sie verstecken sich in der Anonymität um andere zu beleidigen und anzuprangern, oder wie es in dem Modewort gebraucht wird „Mobbing" weil sie nicht den Mut haben, es jemanden direkt ins Gesicht zu sagen, somit zeigt es wieder die „sechs Kategorien" von Menschen deutlich auf. Noch ärger sind die „Vollkoffer" aus „Tik Tok" und wie diese Plattformen noch heißen, wo sich die Untergruppe von den „Selfidoten" nämlich „Appidoten" einloggen können, damit ein paar andere Vollkoffer durch die vielen „Klicks" noch viel Geld verdienen können. Es gibt ja genug von den „APPidoten" die ja die APP's noch sammeln und stolz darauf sind mehr auf ihren „Smart Phone" zu haben als ein anderer und machen daraus noch einen Wettbewerb, wie muß man jemanden denn ins Gehirn geschissen zu haben, wenn jemand so agiert?

Und da unser Gesundheitsminister bei der Angelobung Turnschuhe getragen hat, was unser verblödetes Volk natürlich alle als „Sneaker" bezeichnen, weil sie zwar alle stockblöd sind, und glauben es ist „cool" weil sie einen englischen Ausdruck verwenden. Diese Vollkoffer und ferngesteuerte Nasenbohrer haben nun nichts anderes zu tun, als in allen sozialen Medien darüber zu „posten" wie fad und öd muß mein Leben sein, um so etwas zu machen? Wenn das mein Lebensinhalt ist, würde ich mich auf der Stelle erschießen! Dabei ist ja

34

das stockblöde Volk immer noch so ferngesteuert, daß jeder Vollkoffer nun die selbe Frisur trägt, nämlich links und rechts über den Ohren total kurz geschnitten und in der Mitte die Haare irgendwie länger haben, schauen bald aus wie ein „Navy Seal“ Soldat aus den USA und natürlich tragen alle diese Nasenbohrer noch immer zerrissene Jeans für die sie mehr bezahlen als für eine Jean die keine Löcher hat, diese Leute dürften wie alle der sechs Kategorien keine Wahlberechtigung haben, eindeutig zu blöd für so eine Entscheidung. Leider wird es aber für diese Leute keine Impfung geben, und wir müssen mit ihnen leben, was mich persönlich sehr schmerzt von einem solch verblödeten Volk umzingelt zu sein.

Vor allem für was kämpfen dann eigentlich die Datenschützer, wenn millionen von solchen „Vollkoffern“ freiwillig die Informationen preisgeben? Es fing mit den „Kundenkarten“ an, wo man nur günstiger ein paar Artikel einkaufen konnte, wenn man sich bei diversen Supermärkten und Firmen registrierte, nun kann ich mir z.B. meine „OBI“ Kundenkarte in den A.. schieben, sie gilt nicht mehr und ich soll mir die „OBI“ APP auf mein „Smart Phone“ laden, was ich sicher nicht tun werde, vor allem, was ist mit jenen die eine Kundenkarte hatten, aber kein „Smart Phone“ besitzen und einen Internettarif zahlen, wie der größte Teil der sechs Kategorien von Österreichern?

Es ist eindeutig eine Diskriminierung dieser Personen und Ausgrenzung und Benachteiligung einer bestimmten Gruppe von an sich „normalen“ Menschen, die sich nicht in die Kategorien von „Schafen“ einordnen lassen. Hier sind wir leider auch wieder bei den Ansichten von ein paar meiner eigenen „Freunde“ die mir erklären wollen, warum ich kein „Whats ap“ oder sonst einen „Schass“ habe, es ist ja Gratis! Diese sind nicht mal fähig zu erkennen, daß es nicht Gratis ist, sondern, daß sie dafür einen Internet Account bei ihrem Provider bezahlen müssen, da es mit einem normalen Handy wo jemand nur telefonieren oder SMS versenden will, er nicht ins Internet kommt. Und wenn diejenigen mal „hinter ihrem Ofen“ hervor gekommen wären, und ihr Horizont über „Favoriten und Meidling“ hinaus gehen würde, und sie, wie z.B. ich, in Grenada für ein MB Daten runter laden 12,50 €

bezahlen müssten, dann würden sie sich schnell abgewöhnen eine „Whats ap" Nachricht zu schicken, oder gar ein vertrotteltes „Tik Tok" Video anzusehen. Aber da wären wir wieder bei „Humbold" und seiner Aussage!

Übrigens bis Dato, den 6. April 2021 sollen 127.000 Briten an Corona gestorben sein, was natürlich die Verschwörungstheoretiker sicher als fake News abkanzeln werden, und noch immer bestreiten das es „Corona" überhaupt gibt, weil es ja nur eine leichte Grippe ist, auch wenn jetzt wieder mal die Kapazität von den Intensivstationen im Osten Österreichs an die Grenzen gestoßen sind. Selbstverständlich sind auch die vielen Toten in Brasilien nur „fake" dort sind auch alle an der Grippe gestorben, weil es ja dort so „kalt" ist und somit so viele an Grippe erkrankt sind. Am 7. April haben sie in Brasilien einen neuen Rekord gebrochen, in einem Tag hatten sie 4.000 Corona Tote, und das bei der leichten Grippe, wie manche noch immer meinen. Wir sind mit Mitte April in Österreich mit über 600 Intensiv Betten fast ausgelastet und in Wien mit ca. 250 Intensiv Betten an der Kapazitätsgrenze, nur wird das auch von den Verschwörungstheoretikern abgestritten, alles nur „fake" Meldungen.

Am 7. April 2021 wieder ein Frau von ihren Mann ermordet worden und hinterlässt vier Kinder, natürlich ein Afghane, vor zwei Wochen war es ein Serbe der sein Frau umbrachte, vorher ein Tschetschene usw. nur leider bekommt man natürlich keine Infos wegen Datenschutz, nur es sind sicher mehr als 80% dieser Vergewaltigungen, Körperverletzungen und Morde, oder Gewalt in der Familie auf die von unserer vertrottelten Gesellschaft und den „Gutmenschen" nach Österreich geholten Migranten, Asylanten und Flüchtlingen zurück zu führen. Was man natürlich in fast allen Medien zu verschweigen versucht, wenn in den Nachrichten nicht dazu gesagt wird, woher irgend ein Verbrecher kommt, kann man zu 90% annehmen, er hat einen Migranten Hintergrund, auch wenn wir ihn schon eingebürgert haben, diese „Menschen" werden aber dadurch nicht zu Österreichern, sie bleiben, das von wo sie herkommen, und haben es nicht im Sinn sich zu ändern oder unsere Sitten und Rechte zu beachten.

22.4.2021 Nun wurde heute in Linz ein Bosnier verhaftet der vor ein paar Tagen eine Bank überfallen hat, wieder einer der Migranten die wir unbedingt in Österreich gebraucht haben, wie wenn wir nicht genug Österreichische Verbrecher hätten.

Jetzt Anfang Mai wurden wieder zwei Frauen erschossen, natürlich bekommt man keine Antwort wenn man einen Migranten Hintergrund wissen will, somit kann ich nur schätzen, wie in viele anderen Fällen, unser „eingebürgerten" Gäste, zu 80% die Täter sind, obwohl wir genug Idioten und Verbrecher in Österreich selber haben. Nun haben sie in dieser unnötigen Regierung eine neue, aber umso mehr vertrottelte Idee. Man will eine „Einrichtung" machen, so ähnlich wie der Gewalt gegen Frauen „hot line" wo nun Männer anrufen sollen, wenn sie gewalttätig sind, und bevor sie nun gewalttätig werden, können sie dort anrufen und es wird ihnen geholfen! Bitte wie wird ihnen geholfen? Wer von unseren idiotischen Politiker oder Beamten kam auf diese Idee? Wer ist so blöd zu glauben das ein Mann, der besoffen nach Hause kommt, oder sowieso immer seine Frau und Kinder schlägt, nun gerade dieser Mann die „hot line" anruft und dort Hilfe sucht? Wer das glaubt und mit dieser Idee noch Geld verschwendet, gehört eigentlich sofort eingeliefert, aber sicher in kein öffentliches Amt, wo er mit solchen Idee wieder mal „hundertausende" Euro in den „Sand" setzt.

Es wird sicher kein Einziger Österreicher tun dort anzurufen, aber 100% sicher ist es, daß die „Machos" von der Türkei, Jugoslawien, Syrien und Afghanen und was es noch so alles gibt, jemals dort anrufen würden, weil sie von ihrer fragwürdigen „Kultur" und noch mehr vertrottelter Religion sich über die Frauen stellen und diese nur wie Dreck und zweitrangige Wesen behandeln, auch wenn sie alle die zu uns kommen, zu 90% stockblöd sind, und ihr IQ nicht mal sieben erreicht, ein „Nylonsackerl" hat bald mehr IQ als diese Migranten, Flüchtlinge und Asylanten, die wir wegen der „Gutmenschen" in unser Land rein lassen. Die Quote, wie viele Verbrechen von diesen Ausländern in Österreich begangen wurden, bleibt natürlich auch ein Geheimnis, mit der Ausrede wegen Datenschutz! Nur hoffe ich wirklich für jeden Österreicher, nicht ins Gefängnis zu kommen, es ginge ihm dort wirklich sehr schlecht, vor allem hätte ein Österreicher dort wie gut keine Rechte und würde von den zu 90% nicht unsere Sprache sprechenden Insassen, unterdrückt, aber das interessiert ja wiederum die „Gutmenschen" nicht, weil sie ja dann der Meinung sind, er ist selber schuld wenn er ins Gefängnis kommt. Nur daß wir Tausende Verbrecher in unser Land lassen, die nur ohne Pass kommen müssen und sagen sie werden in ihrem Land bedroht und schon sind sie bei uns und keiner kann wirklich kontrollieren wer dieser „Asylant" wirklich ist, oder wer er war, selbst wenn er ein Mörder war, da müssen wir schon froh sein, wenn es nur Diebe und Vergewaltiger sind. Dann gibt es Gesetze wieso ein Asyl Antrag abgelehnt wird, auch nach Jahren versuchen dann diese „Gutmenschen" aus verschiedenen Gründen, diese Gesetze zu ignorieren um irgendwelche Kinder oder Familien doch in Österreich zu lassen, nur die Begründung, *„sie sind ja schon so lange hier"* gilt eben nicht, ihr vertrottelten „Gutmenschen", sie sind vielleicht schon lange in Österreich, aber ILLEGAL, also seit Jahren Verbrecher die sich aus welchen Gründen auch immer, mit Lügen und falschen Angaben den Aufenthalt bei uns erschlichen haben, also seit Jahren schon nicht mehr hier sein dürften, aber von unserem Sozial und Gesundheitssystem noch versorgt wurden, also wieso wollt ihr die Gesetze für dieses verlogene „Volk" ignorieren?

Man hat einem Politiker einmal vorgeworfen, das er weit „Rechts" steht, weil er die Wahrheit und Tatsache aussprach:

„Das Boot ist voll"

Nun da sind wir bei der nächsten Metapher, wenn ich Österreich mit meinem Segelboot „Key of life I", die ja auch International und rechtlich gesehen, österreichischer Boden ist, einfach mit Österreich vergleiche, was eigentlich voll zutreffen könnte. Nur gibt es am Segelboot keine Regierung, schon gar nicht eine Demokratie. So arg es sich anhört, aber der „Skipper" (Kapitän) muß ein Diktator sein, denn in gefährlichen Situationen gibt es keine Zeit für Diskussionen, sondern er muß sofort eine Entscheidung treffen, **er ganz alleine,** und die kann über Leben und Tod entscheiden! Um es etwas zu veranschaulichen, werde ich hier einen Auszug von meinem Buch:

Unter dem Key of Life 3.Teil „Der vorletzte Kontinent" einfügen:

Am 10. Mai gehen wir durch den Exuma sound zurück nach Norden und beim Einlaufen, wo schon die Ebbe gegen uns stand, merkte ich beim Galliot Cut, wie gut ein paar PS am Motor mehr wären. Es dürfte die Saison für Flüchtlinge aus Haiti sein, in Black Point kommt ein 7 m Boot mit 32 Flüchtlinge an, und am Mittwoch ist drei SM vor uns eine Haiti Sloop von 40 Fuß mit 173 Flüchtlingen an Bord mit knapp 10 cm Freibord fast am sinken (wir haben 43 Fuß). Sie wird von Ray, einen Freund und Parkranger von Waderick Wells an den Strand einer Insel geschleppt und auf Grund gesetzt um die Leute nicht zu gefährden.(siehe Foto im Buch)

Das habe ich jetzt nicht eingeflochten, weil von diesen Haiti Flüchtlingen, keiner nur annähernd jemals bis zu 10.000 € für die Flucht hätte zahlen können, oder das einer von ihnen ein Smart Phone auf die Reise hätte mitnehmen können. Diese sind aber nicht in Österreich, sondern in den Bahamas angekommen und dort gibt es für sie weder Unterstützung noch Kinderbeihilfe. Selbst die gesundheitliche Versorgung hält sich da stark in Grenzen, bis sie wieder zurück nach Haiti abgeschoben werden. Die Regierung könnte man jetzt als „unmenschlich" bezeichnen, aber sie dürften gescheiter und besser rechnen können als unsere Regierung, denn sie wissen, die Bahamas haben nicht genug Ressourcen um all diesen Flüchtlingen helfen zu können. Um ihr eigenes Volk zu schützen und „erhalten" zu können, ist es sicher für ihr eigenes Wohlergehen besser, die Flüchtlinge wieder zurück zu senden, als sie lange in unterversorgten und wahrscheinlich auch unmenschlichen Auffanglagern, dahin vegetieren zu lassen.

Bei uns in Österreich ist es den NGO's und den „Gutbürgern" aber egal, wie schlecht es den Österreicher geht und wie weit IHRE gesundheitliche Versorgung eingeschränkt wird. Hauptsache sie können „helfen" und lassen die „Eingangstür" weiterhin offen, und heißen, so wie die Merkel, alle willkommen. Wahrscheinlich um ihr eigenes Gewissen zu beruhigen oder sich einen Platz im Himmel zu sicher, wer weiß das schon. Jedenfalls schädigen sie damit ihre eigenen Mitbürger und Österreicher, was ihnen aber egal sein dürfte. Aber die Selbstmord Attentäter der Islamisten glauben ja auch daran, daß sie mit ihrer Tat etwas „Gutes" tun und sichern sich dadurch ja auch einen Platz bei ihren 99 Jungfrauen.

Nun wieder zurück zu der Metapher, warum ich die Situation mit den Haiti Flüchtlingen aufgegriffen habe. Die Situation kann ähnlich werden wie es Österreich geht, je nachdem, welche Entscheidung ich als „Skipper" und Kapitän treffe, so wie es eine Regierung und ihre Führungskräfte machen müßten.

Wenn ich in diesem Fall, nicht als ein österreichisches Boot sondern als Österreich handeln muß, und auf offener See auf die Haiti Sloop mit den 173 Flüchtlingen an Bord treffe, muß ich eine Entscheidung treffen, die nicht nur mich, und unser Boot die „Key of life" sondern auch meine Crew (Besatzung) betrifft. In der Metapher eben Österreich und ihre Bürger. Ich kann weder mit irgendwelchen „Gutbürgern" oder NGO's zum diskutieren anfangen, sondern muß als Kapitän die alleinige Entscheidung treffen, was gut für unser Boot und Leben ist, sowie eine Regierung zu entscheiden hat, was gut für Österreich und ihr Volk ist. Wir behandeln ja jetzt schon, den ganzen Ostblock mit unserer „E-Card" und weiter alle Flüchtlinge und Asylanten, was nicht gut gehen kann, wenn unser Gesundheitssystem schon aus allen „Nähten" platzt. Denkt mal vielleicht einer darüber nach?

Früher hatte dann der Kapitän die zweifelhafte Ehre, wenn er was falsch machte, oder aus anderen Gründen das Boot sank, mit dem Boot unter zu gehen. Eines steht fest, keiner von unserer Führungsspitze, egal welcher Regierung wird für Österreich freiwillig in den Tod gehen, da es sich da ja um ein „Ehrenritual" handeln würde, aber Ehre ist in der Politik sicher nicht vertreten.

Nun in diesem Fall ist eine Entscheidung sicher nicht leicht, ob ich die 173 Leute retten will oder nicht, andererseits doch wieder, denn dafür habe ich ja mein „Handwerk" als Skipper gelernt, was ja unsere Politiker nie mussten, denn sonst wären solche unfähigen Leute ja nie eine Führungsspitze geworden. Aber richtig, die wurden ja gewählt, von Leuten die anscheinend nicht wussten, daß man nur jemanden wählen sollte, der gewisse Fähigkeiten für den Job haben sollte.

Aber wie sagte schon Rosa Luxemburg:

„Könnten Wahlen etwas verändern, würde man sie verbieten"

Die Entscheidung vom Skipper muß einfach lauten, mein Schiff und meine Besatzung, im letzten Fall auch ich, gehen bevor. Auch wenn mir die Entscheidung nicht leicht fällt und „weh" tut, ich kann nicht sinnlos mein Boot und das Leben meiner Besatzung opfern, oder im übertragenen Sinn, das weiter Bestehen von Österreich und ihrem Volk. Denn alleine der Versuch, hier der Haiti Sloop mit den 173 Flüchtlingen an Bord nur näher zu kommen, wäre für uns absolut tödlich. Das Boot hat nur mehr 10 cm Freibord, was für Laien erklärt, nur mehr 10 cm vom Rumpf über Wasser sind, jede größere Welle würde an Deck schlagen und die Sloop wäre unweigerlich zum Sinken verurteilt, und dazu natürlich auch die 173 Flüchtlinge zu Tode verurteilt.

Aber wenn wir in Schwimmweite von der Sloop wären und sie kentert und sinkt, würden die 173 Flüchtlinge ohne Rücksicht unsere

„Key of life" (Österreich) entern, und ohne Rücksicht auf die jeweilige Besatzung (Österreicher) unser Boot (Österreich) zum sinken bringen und wir alle wären nun Tot. Der einzige Unterschied zu unserem Flüchtlingsproblem in Österreich ist nur, bei uns an Bord würde es schneller gehen und wir würden es sofort bemerken, was unsere Regierungen und Politiker aber nicht sehen wollen oder dazu fähig sind die Situation richtig einzuschätzen, weil sie eben alles andere als ein „Kapitän" sind. Und vielleicht sollten wir mal erkennen, daß die „Gäste" die wir uns da eingehandelt haben, sicher niemals Rücksicht auf das Wohlergehen der Österreicher nehmen werden, da wir ihnen vollkommen egal sind. Für sie sind wir nur ganz einfach, ein Mittel zum Zweck und nichts anderes!

Wie ich schon in meinem Buch „Zum Denken verurteilt" geschrieben habe, selbst die nun zu Österreicher geworden sind, bleiben im Herzen immer Polen, Türken, Jugoslawen, Rumänen, Bulgaren und was wir sonst noch alles, jetzt als Österreicher haben, außer an unserem Geld, unseren Wohnungen und unserem Sozialsystem, haben sie kein Interesse wie gut es uns Österreichern wirklich geht, eigentlich sind wir ihnen mit unserer Kultur im Wege, und es wäre mehr in ihrem Interesse, wenn wir auswandern würden, es könnten dann wesentlich mehr ihrer Angehörigen nachkommen, deshalb haben sie auch kein Interesse daran unsere Sprache zu lernen.

Und solange das die „Gutbürger" und NGO's nicht erkennen was wirklich gut für Österreich ist, und wir uns weiter Kriegsschauplätze mit Bandenkriegen nach Österreich holen, und wir als Österreicher sich nach ihnen richten müssen und nicht umgekehrt, werden wir unsere Kultur verlieren, Nationalstolz haben wir ja schon lange keinen mehr! Aber ich glaube nicht, daß es für Österreich besser wird, wenn wir die Frauenrechte wieder beschneiden, für die unser österreichisches, europäisches und abendländisches Volk, Jahrzehnte lang gekämpft hat, Zwangsheirat einführen, und uns Kopftücher aufsetzen, daß es die Lebensqualität von den noch verbliebenen Österreichern hebt. Vielleicht fühlen sich dann unsere „Gäste" wohler, wenn wir uns mehr nach ihnen richten, verblödet sind wir ja genug dafür.

4. Kapitel

Jede Generation bekommt die Musik die sie verdient

Da ich zufällig meine Zeit verschwendet habe, und in diesem Buch ja kein „Plan" herrscht, kann ich auch sofort wie es mir in den Sinn kommt, jetzt darüber schreiben. Ich habe den Fehler gemacht und das „Remake" von „Death wish" in Deutsch „Ein Mann sieht rot" im TV angesehen, wo Bruce Willis die Hauptrolle, eher schlecht spielte, und ein Regisseur glaubte, wenn man mehr Schüsse in einem Film abgibt, daß er dadurch besser wird, was er aber nicht wurde. Bruce Willis kann einem Charles Bronson vom Original Film, sicher nicht das Wasser reichen und sie hätten es uns ersparen können, diesen Film in solch einer schlechten Version nochmals zu drehen, daß ging eindeutig in die Hose. Was mich auch an das „Remake" von „A Star is born" erinnert, wo eine „Lady Gaga" wo schon der Name genug über ihre Lieder aussagt, und ein „Bradley Cooper" versuchten einen guten Film daraus zu machen, und er wurde angeblich sogar ausgezeichnet, bitte wer hat das getan? Sicher haben die nie das Original gesehen, und die Beiden kommen nicht mal in die Nähe der Qualität von „Barbara Streisand" und „Kris Kristofferson" und auch diesen Film hätte man sich als „Remake" sicher ersparen können, nur anscheinend kann man dieser verblödeten Menschheit, heutzutage alles einreden um solch einen Film raus zu bringen, den man sich sicher hätte ersparen können.

Nicht viel anders war es mit „Pappilon" wo natürlich das „Remake" nicht annähernd an die schauspielerische Leistung von einem Steve Mc.Queen oder Dustin Hoffman herankam, ich weiß nicht mal wie die Zwei heißen, nur das der Eine mal den Freddie Mercury gespielt haben dürfte, soweit ich mich erinnere. Aber man sieht ja auch an der jetzigen Musik was da heraus kommt, es ist sicher nichts was nur in die Nähe der Qualität von den Liedern von Barbara Streisand oder Kris Kristofferson heran kommt, aber heute kann man anscheinen jeden Sch.... verkaufen, man braucht den ferngesteuerten Nasenbohrern nur lange genug einreden, was ihnen gefallen soll!

Sicher es bei dem Musikgeschmack nicht leicht, wirklich etwas dazu zu sagen, den Geschmack ist relativ! Wie heißt es so schön:

„DE GUSTIBUS NON EST DISPUTANDUM"

Über Geschmacksfragen lässt sich nicht streiten.

Nur glaube ich doch etwas dabei mitreden zu können, immerhin war ich jahrelang hauptberuflich als „Disc Jockey" in ganze Europa unterwegs, und habe sogar mehrere Eröffnungen von Diskotheken gemacht, also kann ich über den „NICHT" Geschmack von dem ferngesteuerten Publikum sicher etwas aussagen, denn ich kenne es wahrscheinlich genauer als die meisten Menschen. Man sagt zwar auch immer „Jede Generation bekommt die Musik die sie verdient" nur was jetzt als „Musik" angeboten und vorgestellt wird, ist unter jeder Kritik. Wenn ich daran denke, daß es ein „DJ Ötzi" geschafft hat, groß heraus zu kommen, dann muß ich über die Generation und ihren Geschmack nicht nachdenken, denn wenn ich seine Musik zu meiner Zeit in der Diskothek gespielt hätte, dann hätte sie mit Aschenbecher nach mir geschossen, aber „DJ Ötzi" kann den scheiß noch verkaufen, ich verstehe es nicht ganz, ist die Menschheit in dieser Zeit total verblödet worden? Eine andere Erklärung habe ich nicht dafür.

Nochmals, es geht sicher um jedermanns/frau eigenen Geschmack, aber ich glaube, durch meinen Beruf als Disc Jockey doch etwas über die Musik aussagen kann, auch wenn es jetzt nicht unbedingt die „Klassik" sein muß, aber es ist doch etwas vom Jazz, Rock, Soul und natürlich Pop Musik dabei, die ich ja jahrelang gespielt habe. Da ich auch Schallplatten gesammelt habe, und immerhin an die 4000 Langspielplatten und Singels gehabt habe, und das in vielen Musikrichtungen, und ich hatte von Adamo bis Zappa jede Musikrichtung, französische Chanson, über „Swampmusic" wo die meisten nicht mal wissen was das überhaupt ist, sogar auch deutsche

Lieder wie Reinhard May und Udo Jürgens, und von Pink Floyd bis Herbie Mann viele Musikrichtungen die ich gerne gehört habe und mir auch gefallen haben. Natürlich berührt mich sogar eine Oper, wie die von Giacomo Puccini „Turandot" denn wenn einem „Nessun Dorma" nicht berührt, hat der in keinster Weise einen Geschmack oder Sinn für Musik und gehört sicher zu den sechs Kategorien Österreichern die eben zu 90% herumlaufen.

Nun komme ich zu dem Punkt den ich ansprechen will, denn mir ist natürlich klar, wenn bei „Guten Morgen Österreich" ein „jung" Musiker eingeladen und vorgestellt wird, daß die oder der Moderator nicht sagen kann, wieso er mit einer so unnötigen, flachen, nichts sagender Musik überhaupt zu einem Frühstücksfernsehen eingeladen wird. Aber es ist mir unverständlich, daß sie dann so heuchlerisch „Wow" und super, was für tolle Musik sagen müssen, es kann ja nicht wirklich sein, daß ihnen diese Musik wirklich gefallen hat. Nun bevor die Nachrichten kommen, gibt es das „Panorama Wetter" und dazu spielen sie immer ein paar sogenannte „Künstler" mit ihrer Musik, und die höre ich ja dann auch, wenn ich auf die Nachrichten warte, und somit habe ich mich mal gewundert, wieso solche Schlager überhaupt ausgesucht und vorgestellt werden.

Da ich wie schon gesagt, mehr als 4000 Platten hatte, und die natürlich auch gekauft habe, viele Raritäten und CD's habe ich ja immer noch, und monatelang Musik auf meinen Studio Tonbandmaschinen gespeichert. Somit habe ich mich mal gefragt, natürlich geht es da um meinen Musikgeschmack, aber der wie schon gesagt, ein sehr großes Spektrum hat, also glaube ich, schon etwas über die jeweilige Qualität was aussagen kann und ich habe mir die Mühe gemacht, alle Lieder aufzuschreiben, die ich nie in meinem Leben jemals gekauft hätte noch irgendwo runter geladen, noch auf meiner Tonbandmaschine gespeichert hätte, und auch wenn es niemand interessiert, diese Liste ist zwar nicht vollständig, aber hier die „Songs" die ich nie kaufen noch haben will, aber der Leser kann die nächsten Seiten gerne überblättern, ich habe nur jeden Tag mitgeschrieben und bin schockiert, welchen „Scheiß" man heutzutage als „Musik" dem vertrottelten Volk verkaufen kann.

Tirolerisch gspielt	Frei wie der Wind
Glückskinder	Was ich in dir seh
Alle Achtung	Sono il Destino
Folkshilfe	Seit a poa tog
Julian le Play	Stein ins Meer
Jakob ???	Nur wegen dir
Martina Kaiser	Love will survive
Vida Noa	Wild woman
Peter Karpf	Zeig ma wo die Herz is
Max Walkner	Wir sind eins
Ostbahnkurti u.d. Chefpartie	Chevy
Edmund	Zam oid wean
No bros & Schubert & Friends	Mia san Österreich
Flo Fin	Read my lips
Sonja Fayes	Ich hab geträumt von dir
Josh	Ring in der Hand
Josh	Gordula Grün
Oska	Love you've lost
Lemo & Christine Stürmer	Nur Mensch
Onk Lou	Like 16
Prater WG	Alles relativiert sich
Zingerle & Band	Ollas wieder leiwand
Opus	Fake or true
Seiler und Speer	Soits leben
Schwanara	Nie anders
Christine Stürmer	So ist das Leben
Poxrucker Sisters	Herzklopfen
Norman Stolz & Wenzel Beck	Bissal Zeit
Wanda	Ciao Baby
Christine Stürmer	Du erinnerst mich an mein Herz

Ina Regen — Fenster
Mountain Crew — Lang nimmer gsehn
Seer — I loss a liacht brenna
Ryan — Cry for you
Klang Karussel — Ship wreck
Axel Wolph — Vorüber gehen
Michael Tschuggnall — Tears of happiness
Conchita Wurst — Heroes
Tina Kainrath — Voi dawischt
D' Seer — Hoamatgfühl
Opus — Flying High
Falco — Der Kommisar
Chris Steger — Oans zwoa drei
Andrew young Projekt — Born tob e free
Maria Bill — Ich mecht landen
Kreis + Quer — Still stehen
Andrea Karrer — Goldene Zeiten
Tirolerisch gspielt — Wunder
Christian Deix — Ohne di
Brüder fürs Leben — Brüder fürs Leben
Jakob Busch — Bild an der Wand
Frau Karl — Alte Narben
Flo Gruber — Love song
Julia Anna — Schen di wider zu sehn
HMBC — Von Mello bis ge Schoppornou
Peter Cornelius — Reif für die Insel
Kohler + Schnute — Haussegen
Mona — Kilometerweit
Kati Kaiser — Teil der Welt
Color the night — Head over heels
Seer — Mei weg, mei tram, mei zü
Hand aufs Herz — Ohne Flügl flign
Wendja — Stadt Land
Walter Schachner — Freiheit
Lika Doss — Dauerschleife
Chris Steger — Leicht kennt mas hom

Kreuz u. Quer	Still stehen
Michael Russ	Ticket
Zoe	Please come home
Isabella	Des is daham
Dykris	Frei
Jack the busch	Hoit mi
Andreas Gabalier	Amoi segn ma uns wida
Edelseer	Ima Radlfoahrn
Wanda	Ich sterbe
Hunger	Gravity
Corona	I was good
Luke Andrews Band	Who I am
Papermoon	Over you
Bilderbuch	Nahuel Huapi
Schwanara	Nie anders
Wenzel Beck	Ohne Angst
Mintha	Unendlich viel Applaus
Udo Wenders	Ich komm sicher in den Himmel
Edmund	Die Blonde mitn Mittelscheitel
Wenzel Beck	Wunderschön
Lemo	Offene Zeilen
Seiler u. Speer	Weust a Mensch bist
Fitz Brothers	7 Years
Wanda	Nix reparieren
Tina Naderer	Wie krass du bist
Saint Lu	Here I stand
King + Potter	Sick one
Karin Keinberger	Irgend wia
Mork	Solange wir leben
Musikcafe Prenner	Einfach nur tanzen
Brofaction	Love is magic
Florence Ardan	Out oft he blue
Christine Stürmer	Weißt du wohin wir gehen
Mella Flecks	Rings um mi
Conchita	Hit me
Dew Mitch	Don't say no

Emma Mo | Ich schieb mir die Wolken
K Tee | Roller coaster
Paterns | Vielleicht
Julian Leplay | Leuchtturm
Anja Wendzel | Sommerregen
Mella Casata | Boys Tears
Conchita Wurst | Malebu
K Tee | So what
Saint Privat | Somebody to love
Luttenberger Klug | Fliegen
Paplo Grande | Pura Vida
Mintha | Undendlich viel Applaus
Simone + Charly Brunner | Die beste Zeit ist jetzt
Gerals Taucher | Tanzen bis zum Morgen
Avec | Granny
Siegfried Walch | Hunderttausend Jahre
Leo Aberer | Hello
Ausseer Hardbradler | Regen
Brüder fürs Leben | Logafeia
Flo Gruber | Engel ohne Flügel
Matakustix | Nockat in See
The waves feat. Fred Owusu | Hold on
Mörk | So lange wir leben
The schick sisters | Stories
Nik P | Wer teilt die Farben aus
Ina Regen | Jo na eh
Josh | Espresso + Tschianti
Ina Regen | Wia a Kind
Wenzel Beck | Bissl a Zeit
Seer | Suma Regen
Solar Jet | Labyrinth
Folkshilfe | Suma sun
Alle Achtung | Sono il destino
Edmund | Die Blonde mitn Mittelscheitel
Zangerle | Ich sax dir
Julian Anna | Woan i sing

Luke Andrews Band
Johnny Paper
Verena Wagner
Freude
Folkshilfe
Falco
Chris Steger (Mini Gaballier)
Wiener Wahnsfeuer
Anja Wendzel
Seiler u. Speer
Virginia Ernst   (hu, hu, hu Lied)
Soph (fürchterliche Zumutung)
Papermoon
Nana Falkner
Program

Hansi Lang
Relax
Mashiko
Andrea Karrer
Dana
Miblu
Seiler und Speer
5/8erl in ehrn
Avec
Dominik Gassner
Ina Regen
Flo + Wisch
Josh
Seiler u. Speer
Mark Pirchner
Poxrucker Sisters
King + Potter
Rockenschaub
Zimmerkuchlkabinett
Kreis u. Quer

Hey Siri
Hawidere
Heast du mi
Europa
Wir heben heid o
Nie mehr Schule
Kruzifix
Lebensfeuer
Sommer Regen
Weust a Mensch bist
I saw an angel
Du bist schön (eher nicht schön)
Feeling alive
The witch
Ge fire und net zruck
Schritt für Schritt
Zucker
Weil i di mog
License for my life
Unberührter Strand
Leise
Still me
Hödn
Schneid ie Melone an
Feel good
Hoamat
Wien am Meer
Mojito
Gordula Grün
Principessa
Herzen zum Himmel
Ois wird glat
Loose love
Won du mit mir lochst
Baggersee
Man lebt nur einmal

Tanzos
Amigos
Chris Watzik
Flo Gruber
Julian le Play

Rockenschaub
Corona + Fabio
Marco
Zweimann
Georg Hübner
Lemo
Anna F.
Violetta Parasini
Alexander Eder
Mika Vember
Seer
Schick Sisters
Nik P.
Bärenheld

Thornstein Eiwarsson
Ness
Wenzel Beck
Anderland
Michael Russ

Birdy
Freiheit
Ist es Liebe
Summa 2007
Das sind die Nächte
Wenn alles brennt
Millionär
Mei Frau
Paradiso
Wiesn
Dschungel von Wien
Der Spritzer
Alte Seele
Time stand still
Mehr sein
Kein Liebeslied
Easy as pie
Sumaregen
Stories
Wer teilt die Farben aus
Down Down
Einsam
Shackles
Deine Richtung
Ohne Angst
Auf den Tag hin
Broken Glass

u.s.w.

Ich habe hier diese Titel nicht eingefügt um daß Buch zu strecken, sondern ich war nicht nur verwundert, sondern ehrlich gesagt, etwas schockiert, welche unnötige „scheiß" Musik heutzutage gemacht, und als gut und super, vorgestellt wird. Eigentlich ist es eine „musikalische" Umweltverschmutzung, und es war, nach wochenlangen hören dieser „Musikvorschläge", nicht ein Titel dabei, der mir gefallen hätte, und da frage ich mich schon warum habe ich so viele verschiedene Musikstücke die mir gefallen, aber jetzt schafft es nicht mal einer mir zu gefallen? Nicht nur das sie mir nicht gefallen, ich würde nicht mal zehn Cent dafür ausgeben zum runter laden, weil es mir der Platz auf meiner Festplatte nicht wert ist. Wie kann es möglich sein, der jetzigen Generation solchen „Mist" einzureden und die sechs Kategorien kaufen sie auch noch?

Die „Musik" wenn man sie so überhaupt bezeichnen will, besteht aus einem Geplänkel auf einer Gitarre, mit „Bling, Bling, Bling" wo man dem Gitarrenspieler sogar die Finger brechen kann, und er könnte weiter spielen, weil nur ein Griff dazu notwendig ist. Dann kommt mit der Stimme der nächste Tiefpunkt, mit La,La,La, sogar im Text selbst und Hu, Hu, yeah, yeah usw. im Background, die manchmal schon so weh tut, auch wenn der Titel des Songs „Wunderschön" heißt, es tut wirklich weh wenn man da zuhören muß, was da geboten wird, und um es mit Qualtingers Worten zu sagen: *„Fia wos brauch ma des?"* oder wie meine Mutter zu sagen pflegte, die haben bestenfalls eine „Stimme" zum Rindfleisch essen, aber keine Berechtigung zum singen. Man bekommt dabei bestenfalls Blasen am Trommelfell. Was ja auch die „Ein Zeilen" Texte beweisen die dann noch hundertfünfzig Mal wiederholt werden, was das Ganze noch fürchterlicher macht. Früher hätten die keine Chance gehabt in ein Studio zu kommen, oder nach solche einer Aufnahme, wieder aus dem Studio lebendig raus zu kommen. Natürlich ist nicht abzustreiten, daß auch zu meiner Zeit, früher auch genug „Scheiß" produziert wurde, der eigentlich nie öffentlich gespielt werden sollte. Aber nun kann ja jeder „Vollkoffer" zu Hause am Computer produzieren und den „Scheiß" in „youtube" stellen. Eines ist ziemlich sicher, jeder Vollkoffer nennt sich schon Musiker oder Comedian, und wenn es so weiter geht, haben wir bald mehr von denen als Handwerker, die man aber wirklich zum Leben braucht, was bei diesen „Künstlern" mehr als zweifelhaft ist. Aber vielleicht genügt es dann für das blöde Volk, wenn der KFZ Mechaniker einen Witz erzählt, aber kein Auto reparieren kann?

Jetzt haben wir ja auch wieder den „ESC" wo manche von dem verblödeten Volk glauben, es geht da wirklich um das Singen. Eigentlich geht es nur darum, daß man wenn es geht die Auswahl auf viele Tage ausdehnt um den ferngesteuerten Volk so viele Anrufe zu ermöglichen, damit sie für ein SMS oder Anruf 50.- Cent bezahlen können, wie man aber schon mal feststellte, bei den Castingshows sind meistens unkontrollierte Jugendliche oder Betrunkene die dort überhaupt anrufen. Diesmal ist es ja in Rotterdam und es singt für Österreich „Vincent Bueno", von dem ich persönlich vorher noch nie was gehört habe, was mir aber sicher nicht abgegangen ist. Nun das Lied „Amen" könnte man sich ersparen, denn meiner Meinung nach, klingt es wie eine „Schlaftablette" und mich würde es wundern, wenn es in die vorderen Ränge kommt, geschweige denn, gewinnen. Warum wir keinen Österreicher haben der auch österreichische Wurzeln hat, und man dazu einen Österreicher mit Philippinischen Wurzeln nehmen muss, ist mir auch unklar. Bitte mich nicht falsch zu verstehen, jeder Philippine ist mir lieber als „Conchita", oder Türken, Syrer, Afghanen, Rumänen, Tschetschenen, Bulgaren oder Jugoslawen die sich jetzt schon Österreicher nennen dürfen, aber in Wirklichkeit keine sein wollen, noch unsere Sitten und Kultur annehmen wollen. So wie es aussieht, dürften wir in Österreicher niemand haben, der auch singen kann, und österreichische Wurzeln hat, denn so gut ist seine Stimme nun auch wieder nicht, daß es mich vom „Sessel" hauen würde, wie weit dieses Lied von ihm ist, weiß ich nicht, ist mir auch „wurscht" , allerdings begeistern mich seine eigenen Lieder sicher auch nicht. Nur glaube ich, daß er vielleicht mehr Chancen hätte, wenn er „Schwul" wäre oder wenigstens sonst ein Gebrechen hätte, denn wie schon gesagt, es geht beim „ESC" sicher nicht ums Singen.

Nun wir haben heute den 21. Mai 2021 und wie ich es erwartet und vorausgesagt habe, unser Kandidat ist bereits im Semi Finale ausgeschieden, und angeblich ist Österreich nun enttäuscht, ich nicht, denn es ist mir wurscht! Auch wenn es kein Trost für Vincent sein wird, mich begeistern auch die anderen nicht besonders, bei dieser Show nützt auch die beste Background Bühnenshow nichts, geschweige denn wenn wieder mal teilweise halbnackte Frauen auf der Bühne herumtanzen, alles das, hat mit singen und der Qualität nichts zu tun. Ich kann natürlich nicht wirklich alles beurteilen, denn ich würde mir diese Show sicher nicht ansehen, sondern kann nur beurteilen was ich da bei ein paar Ausschnitten gesehen habe, aber es genügt mir diese Aufführungen beim „ESC" nicht anzusehen.

Aber es zeigt sich ja auch bei den Fernsehserien, anscheinend haben da auch immer mehr einen Erfolg, wo zumindest ein „schwules" Pärchen mitspielt, oder wieso kann eine Serie wie „Sturm der Liebe" bereits 3580 Folgen haben, was ist mit der Menschheit los? Ich kann leider kein Urteil abgeben, denn ich will nicht einmal fünf Minuten von dieser Serie sehen. Aber alle die sie ansehen, sind wahrscheinlich auch wahlberechtigt, was wiederum der Beweis ist, warum Demokratie nicht funktionieren kann. Nun ich weiß nicht wie es anderen geht, aber wenn sie jetzt auch noch in Serien wie „Major Crimes" Homosexuelle dramatische Beziehungen einbauen, finde ich es mehr als unnötig, denn ich kann mir nicht vorstellen, daß jemand dem solche Krimiserien interessieren, dazu zwischenmenschliche Beziehungen von Homosexuellen sehen will, oder für die Story wirklich braucht.

Mir hat es genügt, in meiner Kindheit von „Schwulen" belästigt worden zu sein, wo einer sogar bei der Gewerkschaftsjugend war, wie ich schon in vorigem Buch geschrieben habe. Nun wollen sie uns mit „Regenbogen Paraden" einreden, daß wir alle gleich sind! Wie vertrottelt ist das denn? Ich will sicher nicht mit einem

„Homosexuellen" auf die gleiche „Stufe" gestellt werden, genau so wenig wie ich mich auf die gleiche „Stufe" mit einem Gehirnchirurgen stellen kann. Mit Slogans wie: „Homosexualität" ist keine Krankheit, nun vielleicht nicht, nur wenn ich an meine Kindheit denke, wo Otto, Helmuth und noch ein dritter „Schwuler" von dem ich den Namen vergessen, oder verdrängt habe, mit denen ich einen engeren Kontakt hatte, sich an uns Kinder ranmachte, also aus meiner jetzigen Sicht, eindeutig Pädophil waren, ist es dann doch eine Krankheit, oder etwa nicht? Soll ich mich jetzt mit Pädophilen auf die gleiche „Stufe" stellen? Nun betrachtet man es anscheinend als „in" wenn man Homosexuelle so oft wie möglich im Fernsehen zeigt

Wenn man dann in einer Serie wie „Navy CIS L.A." als Chefin einer Agenten Zentrale eine kleine Frau wie Linda Hunt einsetzt, kann es vielleicht lächerlich wirken, aber ersten spielt sie gut und wenn man sie dann sieht wie sie „Kendo" als Training betreibt, dann ist es egal, denn auch wenn jemand nur 1,45 m groß ist, möchte ich kein „Kendo Schwert" von ihm über den Schädel gezogen bekommen. Nun da sie beim Publikum anscheinend doch gut ankam, machte man dann bei der Neuauflage von „Mc Gyver", wahrscheinlich in der Hoffnung, daß es auch diesmal beim Publikum gut ankommt, (meiner Meinung nach den Fehler) den Einsatz einer Liliputanerin als Chefin einzusetzen! Was aber wirklich lächerlich ist und aussieht, ohne hier die „Liliputaner" herab setzen zu wollen, aber wie ich auch geschrieben habe, ich würde sicher auch nicht als „Mister Universum" posieren, denn ich wäre auch da am falschen Platz und einfach lächerlich. Ob man jetzt „Mc Gyver" will oder nicht, wenn der „alte" Mc Gyver die tollsten Dinge mit seinen Schweizer Messer vollbrachte, ist der „neue" Mc Gyver leider nur mehr lächerlich, denn wenn jemand jetzt aus einen „Smart Phone" weil sie es ja der „jetzt" Zeit anpassen wollen, in zwei Minuten eine Satelliten Fernsteuerung oder ähnliches bastelt, dann ist er genau so lächerlich, wie eine Liliputanerin als Chefin dieser Organisation! Welchem perverseren, kranken Gehirn solche Drehbücher entspringen ist mir nicht ganz klar, aber dann daraus einen „abklatsch" einer Serie zu machen, noch mehr! Vielleicht würde die Serie noch besser ankommen, wenn vielleicht der neue „Mc Gyver" Homosexuell wäre, wer weiß was dem ferngesteuerten sechs Kategorien Menschen noch alles „aufs Aug zu drücken" man fähig ist? Wie gesagt, es ist meine Meinung und es steht jeden frei, welchen „scheiß" er sich ansehen will!

Da ich zu faul zum schreiben bin, wieder ein Auszug aus meinem Buch: „Mit jeder APP wirst mehr zum Depp"

Da normale Casting Shows anscheinend nicht mehr so gut funktionieren, bringen sie jetzt „Masked Singers" für die absolut verblödeten Zuseher. In dieser Show stecken sie irgendwelche Vollkoffer in Kostüme, worin sie dann komplett unnötige Schlager singen. Dann sollen die Leute erraten wer da im Kostüm steckt. Bitte warum, um alles in der Welt, soll sich ein normal denkender Mensch denn diese Show antun? Die Leute werden immer verblödeter und somit kann man ihnen eigentlich alles vorsetzen und sie zahlen auch noch dafür Fernsehgebühren, wie tief sind wir gesunken? Zur Zeit schaffen sie es wieder die sechs Kategorien mit „Starmania 21" vor die Fernsehkisten zu bringen, was ihnen leider auch trauriger weise, gelingt. Natürlich schaffen sie natürlich über die vielen „fergesteuerten Nasenbohrer" wieder genug „Kohle" heran, die dann um 50 Cent beim ORF anrufen um mit zu „voten". Ich bin froh, daß ich von den drei Juroren die da bestimmen wer weiter kommt, keinen Einzigen überhaupt kenne, und auf das bin ich mehr Stolz als daß ich „Starmania 21" sicher nicht ansehen werde.

Warum es dann noch eine Show gibt, wie „Zeig dein Talent" wobei sie natürlich, weil wir ja in Österreich sind und hier angeblich Deutsch sprechen, einen englischen Titel mit „Show your talent" nehmen müssen, was aber diese „Show" sicher nicht besser macht und ich mal ganz kurz im vorbei Zippen rein sah, wo gerade ein „Muskelmann" eine Waschmaschine stemmte, ja wie vertrottelt ist denn das? Die „Talente" die sich hier gemeldet haben, sind wieder 60% zu vergessen und niemand, der geistig voll auf der Höhe ist, will sich das eigentlich antun und die „Show" ansehen, aber anscheinend haben wir genug von den „sechs" Kategorien Österreicher um wertvolle Lebenszeit zu verschwenden. Welche Vollidioten schauen sich diesen Scheiß an, und vor allem, „Was hat uns die Zeit angetan, daß wir sie auf diese Weise totschlagen und vergeuden"?

Wie schon in der „Verblödeten Republik" festgestellt wurde, es sind zum größten Teil unbeaufsichtigte Kinder und Betrunkene die überhaupt dort anrufen, was ja eigentlich klar sein müsste, wer im gesunden geistigen Zustand schaut den schon „Starmania" an, geschweige denn, ruft dort freiwillig an um noch dafür zu bezahlen? Über diese „Talent" Suche, habe ich ja schon in meinem Buch geschrieben, und in der „Verblödeten Republik" ist es ja noch viel besser gebracht worden, muß ich leider zugeben. Aber ich bin ja auch keine Schriftsteller und versuche halt nur meine Gedanken und Meinung kund zu tun. Überraschender Weise, bekam ich von den Wenigen die „Zum Denken verurteilt" gelesen haben, sogar gute Kritik, und was mir wesentlich wichtiger ist, viele stimmen mit meiner Meinung und Kritik überein, also kann ich damit ja nicht so falsch liegen.

Nun über das Publikum, die sich die diversen Shows ansehen, dürfte man eigentlich kein Wort verlieren. Da ja sogar manche glauben, daß es bei „Dancing Star" wirklich ums Tanzen geht, und die Ferngesteuerten noch anrufen und dafür jeweils 50 Cent bezahlen. Ok, ich gebe zu, ich bin nur neidisch, denn ich hätte mich natürlich sehr gefreut, wenn sie, als ich „leider" den Fehler machte und bei Barbara Karlich in der Show war, so 100.000 angerufen hätten, und ich dafür 50.000.-€ hätte kassieren können.

Ich denke natürlich da auch gerne an den „Club 2" zurück, bei dem ich mit dem Thema „Wiederkehr der Familie" mit machte. Er dauerte 123 Minuten und ich bekam 4.500.- ATS. Das hat mir gefallen bei einem Stundenlohn von knapp 2.000.- Schilling. Wem würde das nicht gefallen? Bei der Barbara Karlich bekam man gerade die Taxikosten ersetzt.

Immer noch senden sie auch täglich, sogar im ORF für die Leute, die nicht selbst für sich verantwortlich sein können, ein Horoskop. Und wieder sind wir bei der Demokratie und den Wählern die, trotzdem sie sich das Horoskop ansehen, immer noch wahlberechtigt sind.

Was ich von den diversen Serien halte, wie „Bauer sucht Frau", „Teenager werden Mütter" oder sogar „Die Lugners", „Amore unter Palmen" usw. will ich hier nicht nochmals beschreiben. Sie sind es sicher nicht wert überhaupt darüber zu reden. Ich habe mich gezwungen, zweimal fünf Minuten von der Serie „Im Gemeindebau" anzusehen, was wirklich sehr weh tat, und ich mich jetzt sehr schäme, daß ich auch in einem Gemeindebau wohne, wo ich mich aber gefreut habe, da ich 70 Jahre immer abgelehnt wurde, dann in Klosterneuburg eine Wohnung bekommen zu haben, und ich befürchte, daß auch hier solche „Typen" wohnen. Nur daß sie natürlich lange suchen um solche Vollkoffer zu finden die sich dann für so eine Reportage her geben, nur wesentlich schlimmer sind ja die Leute die sich diese Sendungen dann ansehen, und die „Verbrecher" die so was produzieren gehören eigentlich weg gesperrt, aber sicher sollte niemand für solche einen Scheiß Geld bekommen, was aber in unserer vertrottelten Welt der Fall ist. Wie gesagt, wie tief können wir noch „sinken"? Aber ein neuer Trend heißt heute bei den ferngesteuerten Nasenbohrern „es ist Hipp" oder nennen sie es „der neue Hipp"? Jedenfalls so ähnlich, aber ich recherchiere sicher nicht, ob es richtig ist oder nicht, weil mir diejenigen die solche Ausdrücke verwenden, absolut „wurscht" sind, sie gehören sicher zu den „sechs" Kategorien.

Nur eine Sache bei dieser Serie gab mir zu denken, nämlich eine dieser Mieterinnen mit drei Kinder und Hunden die Probleme mit anderen Nachbarn hatte, weil so viel Lärm war, wahrscheinlich haben sie die vorher in der Serie „Teenager werden Mütter" gehabt, denn obwohl sie noch nicht sehr alt war, war sie schon wieder schwanger, natürlich keinen Mann der getrennt lebt und natürlich auch arbeitslos ist, und alle leben von der Sozialhilfe und Kinderbeihilfe, wie viele in Österreich, die „Mutter" natürlich mit Piercing in der Nase und Lippe, und auch tätowiert, und sie wird die nächsten Jahre auch sicher nicht arbeiten, nur weiter Kinder in die Welt setzen, aber das ist ja frei in Österreich, daß solche „Menschen" Kinder machen können wie sie wollen, auch wenn sie keine Zukunft haben, nur wenn man einen Hund will, muß man eine Prüfung machen und wird kontrolliert ob man dazu fähig ist ein Hundehalter zu sein, wobei diese „Menschen" sicher nicht fähig sind, Mütter oder Eltern zu sein!

Was mich dann zu den Nachbarn oberhalb bringt, die sich beschwert haben weil der Lärm von den Kinder und Hunden „fertig" macht, was ich wirklich verstehe, ich mag es auch nicht. Nun die Dame ist 50 Jahre alt und nun österreichische Staatsbürgerin und zahlt seit mehr als 30 Jahren ihre Steuern, wobei die Mutter unterhalb, nichts in der Richtung gemacht hat, und auch in Zukunft nichts machen wird, und dann muß sich der Gatte von der oberen Mieterin, der nicht so perfekt Deutsch spricht, aber auch arbeitet und Steuer bezahlt, von dem arbeitslosen Vater, von wie viel Kindern dieser Mutter weiß ich nicht, sagen lassen, er soll zurück gehen wo er

Wir haben heute den 26. April 2021 und es ist der 35igste Jahrestag von Tschernobyl, was mich anregt darüber nachzudenken, daß es ja wie die „Covid Leugner" noch genug Leute gibt, die meinen wir haben die Atomenergie im „Griff" und sie ist ungefährlich. Nur sind die Langzeitfolgen genau so schlimm und wir ignorieren sie, wie die Batterien in den Elektroautos in Zukunft für ähnliches in unserer Umwelt sorgen werden. Da ich ja in meinen Bücher über das Segeln, immer auch genaue Daten habe, weiß ich auch, daß ich am 21. April 1986 nach Wien gefahren bin, nach einer Horrorfahrt mit einem „Avis" Leihwagen von Zadar, und am 2. Mai 1986 wieder zurück auf unsere „Key of life" gefahren bin, also relativ weit weg von den Medien und der Panikmache in Österreich war, also damit weniger berührt wurde, und in Jugoslawischen Medien eher wenig bis nichts, darüber berichtet wurde. Im Augenblick schreibe ich ja „parallel" an dem 3. Teil „Saison mit der Key of life 1987 – 1988" in Jugoslawien und Malta. Obwohl natürlich Eigenwerbung stinkt, möchte ich doch darauf hinweisen, daß man in der Webseite von „BoD" im Buchshop, unter „Erich Beyer" nun bereits ZEHN Bücher findet, die ich aber größtenteils für mich zur Erinnerung meines Lebens geschrieben habe, und sicher nicht um reich zu werden, ich bin ja kein Schriftsteller vor allem würde ich sicher nie Zeit für einen fiktiven Roman aufwenden, wenn mein vergangenes Leben, zum Glück schon ein „Roman" war.

Komischer weise wurde über das Reaktorunglück vom Atomkraftwerg in den USA „Three miles Island" am 28. März 1979 wesentlich weniger berichtet, wahrscheinlich weil es weiter weg von uns war, aber die „Mutationen“ die dort auftraten, kamen auch sehr spät in die Medien, denn niemand will gerne zugeben, daß in umliegenden Gewässer „Blutegel“ gefunden wurden die bis zu 30 cm lang und bis 8 cm dick wurden, einer Frau musste sogar der Arm amputiert werden, weil der Blutegel nicht mehr zu entfernen war und sie sonst an einer Blutvergiftung gestorben wäre! Und es gab „Stängel“ vom „Löwenzahn“ die 6 cm dick waren, zum Glück haben wir so was in Europa nicht gefunden, auch wenn die Pilze nicht mehr zum Essen zu empfehlen waren. Der zweite Reaktor in „Three miles Island“ blieb aber bis 20. September 2019 in Betrieb, und voraussichtlich wird die Entsorgung des kontaminierten Materials bis zum Jahr 2078 dauern und ca. 1,2 Milliarden US$ kosten. So ungefähr werden uns dann auch die Kosten bei der Entsorgungen der Lithium Ionen Batterien im „Magen“ liegen, was aber jetzt keiner sehen, noch zugeben will, sonst könnte man ja den ferngesteuerten Nasenbohrer keine Elektroautos einreden.

Auch heute, wird, nachdem Vorarlberg als „vorzeige“ Bundesland vor ein paar Wochen in aller Munde war, und vieles wieder öffnen durfte, was von vielen als Fehler betrachtet wurde. Nun es hat sich meine Aussage bewahrheitet, man kann ein „verblödetes“ Volk nicht in eine „Eigenverantwortung“ entlassen, und so wie es kommen musste, sind sie jetzt wieder an der Spitze mit neuen Infektionen. Speziell Jugendliche haben natürlich wieder Partys gefeiert und sich untereinander infiziert, was aber vorher zu sehen war, nur für das sind unsere Minister und Politiker eindeutig zu blöd, also wen wundert es noch wie es noch lange weiter gehen wird, denn auch am 21.4.2021 in Linz haben , größtenteils rumänischen Jugendlichen eine Corona Party gefeiert bis sie die Polizei auflöste.

Mit heute den 28. April 2021 hat man in der Türkei pro Tag 40.000 Neuinfektionen und man hat einen „harten“ Lockdown angeordnet, wo Leute nur mehr zum Einkaufen raus dürfen. Nun dort könnte es vielleicht sogar funktionieren, denn in der Türkei scheißen sie sich von den Folgen an, wenn sie gegen die Regeln verstoßen, bei uns ist es den Türken aber wurscht, sie werden weiterhin, „Lockdown" hin oder her, ihre Hochzeiten und Partys feiern, und unsere Gesetze ignorieren, Hauptsache sie bekommen unser Geld vom Staat und wir erhalten ihre Kinder, die aber trotzdem keine Österreicher sein wollen und unsere Sprache lernen, wie es auch seit zig Jahren ihre türkischen Eltern machen und gemacht haben.

Die Corona Leugner werden natürlich, auch wenn in Indien im Augenblick 300.000 Neuinfizierte sind, *„es ist nur eine leichte Grippe"* auch wenn ihnen schon das Holz ausgeht, daß sie für die Verbrennung der Toten brauchen, denn auch das kostet Geld und wenn man sich dort in Indien keine Feuerbestattung leisten kann, wird man begraben, was die aber nur bei armen Leuten machen wollen. Ja die Religion ist schon was vertrotteltes, egal welche es ist. Es gab ja jetzt in Israel am 29. April 2021 an die 44 Toten und viele Verletzte, als bei einem religiösen Fest eine Panik ausbrach, ich sage nur selber Schuld wenn man sich zu Corona Zeiten zu zig Tausenden trifft und wiederum gegen Anordnungen, wegen einer „Huldigung" für irgendwelche zweifelhaften Götter, an die eben die ferngesteuerten Nasenbohrer glauben wollen. Aber da gilt wieder der Spruch von Einstein:

„Um sich in einer Schafherde wohl zu fühlen, muß man vor allem ein Schaf sein"!

Im Augenblick kursieren unter dem „#allesdichtmachen" von 53 Möchtegern, mehr oder minder berühmten Kabarettisten und Schauspielern Kommentare gepostet, die ihrer Meinung nach „lustig" oder „satirisch" sind, wohl eher „zynisch", sich über die Covid (Corona) Regeln aufregen oder hinwegsetzen wollen. Wobei ich der Meinung bin, daß wie ich schon mal geschrieben habe, von den nun sogenannten

Kabarettisten, sind 90% mehr als unnötig, und wieso die den Anspruch erheben, sie sind „Künstler" und wollen eine Unterstützung vom Staat, dann frage ich schon:

Mit welcher Berechtigung nennen sie sich „Künstler" und wollen Geld?

Und eines ist zu 100% sicher, um zu leben, brauchen wir sicher keinen dieser dubiosen „Künstler" und da geht die Gesundheit sicher bevor, und dazu brauche ich sicher keine Öffnung um einen dieser Möchtegern „Künstler" auf der Bühne zu sehen, wobei ich in den letzten 45 Jahren auf keiner Kabarett Bühne war, 1. Weil es mich nicht interessiert, 2. Ich es mir nicht leisten kann den Eintritt zu bezahlen, und 3. Keiner davon so gut wäre, daß ich dafür bezahle, noch, daß ich es für mein Leben oder Lebensqualität brauche. Wer so lange in den fremden Ländern wie ich unterwegs war, weiß, daß es andere Kriterien sind, was ein Leben und Überleben ausmacht, und sicher keine Theaterbühne dafür notwendig ist.

Und was noch 100% sicher ist, jeder „Mistkübler" ist wichtiger, damit wir nicht im Müll ersticken, sowie ein Installateur, wenn uns vielleicht am „WC" die „Scheiße" bis zum Hals steht, oder ein Elektriker wenn auf einmal unser Haushalt und Lift still steht, geschweige denn unser Pflege und Hilfspersonal und Ärzte, aber um die wird kein solcher Aufwand gemacht, geschweige denn interessiert sich wer von den Ferngesteuerten Vollkoffern wenn sie auf den idiotischen sozialen Medien posten würden. Noch viel Anerkennung gehört auch den Verkäufern im Handel, denn ohne die könnten sie sich nicht mal Lebensmittel, Medikamente usw. einkaufen, und auch für die Anlieferung dieser Sachen, sind wesentlich wichtigere verantwortlich als Möchtegern Schauspieler und Kabarettisten, was sicher auch wichtiger ist als ihre Auftritte auf diversen Bühnen.

Also wenn dann die „Künstler" auf dem „#" für was der auch immer steht, irgendwelche „Klicks" bekommen, dann sind es sicher „Klicks" von den sechs Kategorien Österreicher und Verschwörungstheoretikern. Sicher steht jede normale Berufssparte, weit über denen der sogenannten „Künstler" denn wir brauchen nicht tausende neue fragliche „Lieder" oder Kabarettprogramme wenn wir nichts mehr zum Essen haben, oder wenn es uns „dreckig" geht, und schon gar nicht, daß sich jemand darüber lustig macht, wenn es eher zum Weinen ist. Vor allem ist diese Art von „Meinungsmache" für das verblödete Volk der Verschwörungstheoretiker und „Covid Leugner" wie wenn man Öl ins Feuer gisst, was für die schon angespannte Situation sicher nicht förderlich ist.

Aber wahrscheinlich wird da auch an dem Motto: *„Brot und Spiele"* festgehalten, um das verblödete Volk vom Nachdenken abzulenken, für das es aber sowieso nicht fähig ist, weil die totale Verblödung schon überhandgenommen hat. Obwohl es ja laut Medien Bericht im TV, schon einen Schauspieler gab, der „zurück gerudert" ist, und sich entschuldigt hat, vor allem daß er kein „Covid Leugner" ist, oder einem „rechten Lager" zu geordnet werden will, egal wie man nun über seine Entschuldigung denkt, und auch wenn man nicht „schwarz und weiß" denkt und andere Meinungen auch gelten lassen muß, was die da getan haben ist es eben was „Vollkoffer" so tun, und sie gehören sicher zu den „sechs Kategorien" Österreicher, wenn sie von sich auch glauben, sie sind was besonderes, aber: *SIE SIND ES NICHT!* Und genau so notwendig wie ein „Kropf".

Nun zum Glück hat jetzt eine Ärztin eine Gegenaktion gestartet. Ich halte zwar nichts von den sozialen Medien, nur ich wünsche ihr bei dieser Aktion unter „#allemalneschichtmachen" wirklich viel Glück.

5. Kapitel

Wo steht eigentlich Österreich?

Heute 15. Mai 2021 gibt es wieder etwas Unruhe in der Welt, vor allem beim Iran, der ja der Todfeind von den Israelis ist, weil sie jetzt auch auf Österreich nicht gut zu sprechen sind, weil unser verblödete Regierung aus Solidarität mit Israel am Bundeskanzleramt und Außenministerium die israelische Flagge neben unserer und der Europäischen aufgezogen haben. Nun da ja gerade wieder der Krieg zwischen den Palästinensern und Juden losgegangen ist und Raketen nach jüdischen Städten geschossen werden und die Juden dafür die Städte in Palästina bombardieren, was als Rachefeldzug gilt und die Hamas natürlich als Terrorgruppe eingestuft wird. Nur warum wir in Österreich nun zu den Israelis helfen, ist mir unklar. Daß die Angriffe der Hamas sicher nicht richtig sind, ist eine Sache, aber als Israel gegründet wurde und viele Teile von den Ländern besetzt wurden, hat die ganze Welt zugeschaut und niemand hat was dagegen gesagt. Daß die Juden dann auf fremden Gebieten ihre Häuser gebaut haben, hat auch niemand was gesagt, und daß sie dann eine Mauer in Jerusalem gebaut haben, die größer ist als alle anderen hat auch niemand was gesagt, anscheinend dürfen Juden alles machen und die ganze Welt schaut zu und gibt ihnen recht. Nur warum man sich dann aufregt, wenn man auf der Grenze zu Mexiko eine Mauer baut, verstehe ich nicht so ganz, wo ist da der Unterschied?

Über die Situation in Israel habe ich schon vor Jahren in meinem Buch „Zum Denken verurteilt" geschrieben, hier ein Auszug davon, damit man vielleicht mal darüber nachdenkt, wieso dort die Lage so eskaliert:

***Man hatte die DDR verurteilt, weil sie die „Berliner Mauer"
gebaut hatte, und 1990 feierte die ganze Welt den Fall der „Mauer"***

und die Vereinigung Deutschlands, aber niemand sagte etwas gegen die Mauer, die in Israel bei Jerusalem von den Juden errichtet wurde, anscheinend dürfen sich die Juden wie die USA alles herausnehmen, und die Welt „kuscht" vor ihnen; so stellt sich für mich die Frage, warum eigentlich? Wahrscheinlich stützen die Israelis ihre Mauer auf die HAGANA[6], wie es die jüdische Gemeinschaft in Palästina zur Zeit des britischen Mandats 1920 gemacht hat, um sich vor arabischen Übergriffen zu schützen. Wer schützt eigentlich die Araber vor den Juden, die ihre Siedlungen in Gebieten bauen, die ihnen rechtmäßig gar nicht gehören? Und das Vorgehen entlang der Mauer in den besiedelten Gebieten, die vom Israelischen Militär gegen die Palästinenser unternommen werden, unterscheiden sich nicht viel von der GESTAPO unter dem Hitler Regime, aber das dürfte für den Rest der Welt anscheinend in Ordnung sein. Die Juden brauchen anscheinend niemanden zu fragen, was eventuelle Menschenrechte betrifft, genauso wenig wie die USA jemanden fragt, wie sie ihre Gefangenen in der Guantanamo[7] Bay zu behandeln haben. Und man sollte eines nicht vergessen, Israel ist und bleibt eine Besatzungsmacht!

Genau betrachtet ist, was hier seit tausender Jahren im Namen der Religion und Politik vor sich geht, ein GENOZID[8] und völkerrechtlich strafbar. (BR Dtl.: § 220 a StGB)

INTERMISSION:

---

[6]   HAGANA: hebräisch, „Selbstschutz"

[7]   Flottenstützpunkt und Gefängnis der USA auf Kuba.

[8]   GENOZID (gr.-lat.) Völkermord; vorsätzliche physische Vernichtung nat., raß. oder religiöser Minderheiten.

(Daß ich mit dem, was ich hier vor Jahren geschrieben habe, anscheinend voll Recht hatte, beweist ein Artikel in „Die Presse" vom 7.12.2008, den ich hier einfüge.)

Hier der Artikel:„POGROM[9]" Olmert verurteilt Siedler – Angriffe in Hebron

Er schäme sich als Jude für die Angriffe auf Unschuldige, sagt der israelische Ministerpräsident Olmert. "Diese Vorfälle müssen gestoppt werden", fordert er ein hartes Vorgehen der Sicherheitskräfte.

Der amtierende israelische Ministerpräsident Ehud Olmert hat Angriffe radikaler jüdischer Siedler in Hebron auf Palästinenser am Sonntag als "Pogrom" verurteilt. Olmert sprach sich nach israelischen Medienberichten für ein hartes Vorgehen der Sicherheitskräfte gegen gewalttätige Siedler aus. "Diese schlimmen Vorfälle müssen vollständig gestoppt werden", sagte Olmert den Angaben zufolge.
Nachdem israelische Soldaten am Donnerstag ein von Siedlern besetztes Haus in Hebron geräumt hatten, war es zu schweren Rache-Angriffen auf Palästinenser gekommen. Dabei wurden nach Angaben der Palästinenserbehörde mindestens 30 Palästinenser verletzt, fünf durch Schüsse. Außerdem wurden fünf Häuser, zwei Moscheen und mehrere Autos in Brand gesetzt. In der biblischen Stadt leben rund 800 Siedler unter 200.000 Palästinenser.

Natürlich berechtigt das natürlich keine Raketenangriffe der „Hamas", aber vielleicht sollte man doch mal darüber nachdenken, wie viel man den Palästinensern noch antun darf, und wie weit man ihre Rechte und Lebensraum ungestraft bescheiden darf, ohne dafür mit

---

[9] POGROM russisch, im zaristischen Rußland Bezeichnung für Judenverfolgung; heute allgemein für Ausschreitungen gegen religiöse, nationale und rassische Minderheiten.

keinen Konsequenzen rechnen zu müssen? Also an dieser Situation, sind die Juden hier sicher nicht ganz unschuldig, daß es so eskaliert ist und es begann nicht erst die letzte Woche wie der Artikel von 2008 zeigt.

Daß die Israelische Flagge auf österreichischen Regierungsgebäuden natürlich auch in den Muslimischen Staaten wie der Türkei für Aufregung sorgt zeigt der Türkische Präsident Erdogan, der treffend von einer Deutschen Kabarettistin als „osmanisches Rumpelstilzchen" bezeichnet wurde, er heute am 18. Mai 2021, nun sogar Österreich verflucht hat, und natürlich Israel auch als Terrorstaat bezeichnet! Irgendwie sehr lustig, das ein kleiner Möchtegern Diktator wie Erdogan so was ausspricht, von einem Land wie der Türkei wo weder Pressefreiheit noch eine andere Freiheit besteht, wenn es in Opposition zur Regierung von Erdogan ist. Nur wenn ich da an unsere radikalen türkischen Migranten denke die wir in Österreich haben, wie es ja bei den Demonstrationen und Straßenschlachten in Favoriten vor ein paar Monaten gezeigt hat, daß wir mit diesen Migranten, so auch wie mit allen anderen die wir aufgenommen haben, auch damit alle Konflikte zu uns nach Österreich gebracht haben, was die Regierung eindeutig versäumt hat, zu verhindern, weil wir ohne irgendeiner Kontrolle jeden, auch Kriminelle und Terroristen nach Österreich rein ließen, weil wir keine Chance über die Gründe und Herkunft auf eine wahrheitsgetreue Aussage der Flüchtlinge, Asylanten und Migranten haben, noch jemals haben werden.

Nun auch an diesem Tag, wurde in der Regierung beschlossen, daß man den Covid Test für zu Hause, auch bei Besuchen von Gaststätten verwenden kann, die Voraussetzung ist, daß man dabei den Test mit dem Smart Phone fotografiert, damit man eine Bestätigung hat, daß man es wirklich selber ist! Nun dazu soll man sich wieder eine APP runterladen, was natürlich Internetzugang als Voraussetzung ist, also wieder eine Kontrolle vom Staat in allen Richtungen. Was ich von den APP's halte, habe ich ja schon in meinem Buch „Mit jeder APP wirst mehr zum Depp" geschrieben und will es hier nicht wiederholen. Nur frage ich, wer in diesem verblödeten Parlament bringt solche Verordnungen und Gesetze raus? Wer bezahlt eigentlich jenen, die wie ich seit mehr als 30 Jahren unter der Armutsgrenze leben, ein Smart Phone, und vor allem, wer bezahlt dann den Handy Vertrag mit Zugang und Datenübertragung fürs Internet? Mir sagten ja auch noch Freunde, weil ich kein „Whats ap" habe, daß es Gratis ist, nein ihr Vollkoffer, es ist nicht Gratis, denn dazu müsst ihr für das Internet zahlen, was ich bei SMS schicken mit einem normalen Handyvertrag aber machen kann. Was kann an einer Kontrolle noch besser sein, wenn man mit solchen Aktionen alle Daten an das System weitergibt.

Wahrscheinlich wird es wieder eine APP werden, die buchstäblich in die Hose geht, und genau so wenig funktionieren wird, wie die „Stopp Corona APP" worüber ich schon geschrieben habe, warum sie nicht funktionieren kann, natürlich ist das nicht mein Fachwissen, wie es nun in Österreich unsere 8.000.000 „Virologen" haben, sondern von einem Fachmann:

Es ist einer der jedenfalls mit Technik und Daten eine Ahnung hat Hr. Schneier aus GB und er erklärt es in seinem „Blog" relativ gut. Dank meines gescheitesten Freund Stefan, der jetzt leider in Schottland lebt, habe ich aber eine relativ gute Übersetzung für den werten Leser:

Warum die Stop Corona APP nicht funktionieren kann!

https://www.schneier.com/blog/archives/2020/05/me_on_covad-19_.html
teilweise übersetzt von translate.google.co.uk
2020-05-08

Dies ist ein klassisches Identifikationsproblem, und die Wirksamkeit hängt von zwei Dingen ab: "falsche positiven" und "falsche negativen" Ergebnissen.

Falsches Positives: Jede App hat eine genaue Definition eines Kontakts: Nehmen wir an, es ist länger als zehn Minuten weniger als

zwei Meter. Die falsche-Positiv-Rate ist der Prozentsatz der Kontakte, die nicht zu Übertragungen führen. Dies wird mehrere Gründe haben. Erstens sind die Standort- und Näherungssysteme der App - basierend auf GPS und Bluetooth - einfach nicht genau genug, um jeden Kontakt zu erfassen. Zweitens sind der App keine "mildernden" Umstände wie Wände oder Trennwände bekannt. Und drittens führt nicht jeder Kontakt zur Übertragung; Die Krankheit hat eine Übertragungsrate von weniger als 100% (und ich weiß nicht, was das ist).

Falsches Negatives: Dies ist die Rate, mit der die App einen Kontakt nicht registriert, wenn eine Infektion auftritt. Dies wird auch mehrere Gründe haben. Erstens Fehler in den Standort- und Näherungssystemen der App. Zweitens Übertragungen von Personen, die die App nicht haben (selbst Singapur hat eine Adoptionsrate von 20% für die App nicht überschritten). Und drittens ist nicht jede Übertragung das Ergebnis dieses genau definierten Kontakts - das Virus wandert manchmal weiter.

Angenommen, Sie nehmen die App zum Einkaufen mit und werden anschließend über einen Kontakt informiert. Was sollte man tun? Es ist nicht genau genug, um sich zwei Wochen lang unter Quarantäne zu stellen. Und ohne allgegenwärtige, billige, schnelle und genaue Tests können Sie die Diagnose der App nicht bestätigen. Der Alarm ist also nutzlos.

Angenommen, Sie überprüfen die App nach einem Lebensmitteleinkauf, und werden nicht über Kontakte informiert. Ist alles in Ordnung? Nein, vielleicht nicht. Sie haben eigentlich keine Ahnung, ob Sie infiziert wurden.

Das Endergebnis ist eine App, die nicht funktioniert. Die Leute werden ihre schlechten Erfahrungen in den sozialen Medien veröffentlichen und die Leute werden diese Beiträge lesen und

erkennen, daß der App nicht vertraut werden kann. Dieser Vertrauensverlust ist noch schlimmer als überhaupt keine App zu haben.
Es hat nichts mit Datenschutzbedenken zu tun. Die Idee, daß die Kontaktverfolgung mit einer App und nicht mit Fachleuten für menschliche Gesundheit durchgeführt werden kann, ist einfach nur dumm.

Ich frage mich, wieso man Millionen dafür ausgibt, daß ganz Österreich eine Breitband Verbindung fürs Internet bekommt, wahrscheinlich damit man auch den dümmsten Hinterwäldler in „Kickritzpotschn" und „Hinterstinkenbrunn" noch gut überwachen kann, nur frage ich mich wieder, wieso sie ein „5G" Netz machen wollen, wenn nicht mal das „G3" wirklich funktioniert? Ich habe in Klosterneuburg am Berg nur die Möglichkeit mit meinem kleinen Router und SIM Karte ins Internet zu kommen, und da brauche ich manchmal für ein Foto per Email zu versenden, das gerade 3 MB hat, fast 10 Minuten, von der Handy Verbindung gar nicht zu reden, also wieso funktioniert das nicht mal so nahe einer Stadt? Selbst unten in der Wohnung, wo der nächste Handymast gar nicht weit weg ist, kommt man nur sehr langsam ins Internet, und auch mit Handy fliegt man zigmal aus der Leitung, selbst wenn ich neben dem Fenster sitze. Nun müsste ich mir dort eine Festnetzleitung besorgen und natürlich bezahlen, für das ich aber sicher kein Geld habe, aber man in diesem vertrottelten System alles über Internet machen soll, was aber leider nicht besonders gut funktioniert, und sicher nicht, weil wir gerade eine Pandemie haben, es war vorher genau so Besch…eiden!

INTERMISSION:

Eigentlich ist es ein Tag wie jeder andere, aber doch der 25. Mai 2021 und mein 71igster Geburtstag und man fragt sich, ob ich nicht was anderes zu tun hätte, als an meinen Buch zu schreiben, aber bei Außentemperatur von 12° am regnerisch, trüben Rolandsberg in Klosterneuburg, wo Wetter eben trostlos, farblos und freudlos ist, arbeite ich halt weiter am Buch, es ist wie Weihnachten, man kann es feiern wann man will, den Tag kann man eigentlich selber bestimmen, und nicht von einer Gesellschaft dazu gezwungen werden. Hätte nicht gedacht, Ende Mai nochmals meinen Ofen einzuheizen, was ich gerade getan habe, diesen Winter gab es ja keine Zeit mehr auf unseren Boot in Petite Martinique, und über Pfingsten in dieser Corona Zeit, obwohl wir ja schon zweimal geimpft sind, nach Kroatien zu fahren wenn alle ferngesteuerten Nasenbohrer unterwegs sind, können wir gerne darauf verzichten, also lieber am Berg am Buch arbeiten und es wenigstens schön warm zu haben.

Gründe um an diesem Buch weiter zu schreiben, werden mir ja täglich ins Haus geliefert, also immer genug „Stoff" zum schreiben vorhanden um Dinge aufzuzeigen die mir sehr am Herzen liegen und wie nach einer Lockerung der Covid Regeln am 19. Mai 2021 natürlich wieder ein paar tausend jugendliche, zum größten Teil natürlich besoffen, am 22.5.2021 wieder am Donaukanal Party gefeiert haben, natürlich ohne Abstand und die meisten auch keine Masken, also die Zahlen wieder ansteigen könnten, wobei alles relativ ist, denn auch mit dem Testen kann man keine wirkliche Statistik bekommen, auch wenn man jetzt den Zahlen von diversen Statistiken glauben will die vom österreichischen Staat ins Internet gestellt werden. Denn von unsren „lieben" Gästen, die wir in Österreich aufgenommen haben, gehen mal viel weniger zum Testen noch halten sie sich an die Regel, speziell was ihre Familienbesuche und Treffen gilt, wo ja der Kinderreichtum als „Segen" gilt, vor allem wenn unsere Migranten vorher nie was in unser System eingezahlt haben, aber in allen Richtungen von unsren Sozialsystem unterstützt werden, egal on es die Gesundheit, Arbeitslose, Sozialunterstützung oder eben Kinderbeihilfe betrifft.

Wenn ich da jetzt den Zahlen von Regierungsseiten glauben darf und die Statistik stimmt, haben wir mal den Fakt, daß von 7,4 Mil. Österreicher 6% infiziert sind, davon sind aber von 44.000 Afghanen mit 8,5% infiziert, von 26.300 Kosovaren sind es 9,2 % und von 117.500 Türken sind es 10,8 % die infiziert sind! Nun hier fehlen aber die wirklichen Zahlen, denn die sind ja meistens wegen nicht

Einhaltungen und Hochzeitstreffen usw. infiziert nur steht aber nirgends die Prozentzahl, wie viele von unserer Migranten, Asylanten und Flüchtlingen überhaupt zur einer Testung gegangen sind, weil ja keiner von diesen Leuten freiwillig sich dann in Quarantäne begeben würde, also könnte man diese Ziffern bei unseren „Gästen" als viel höher annehmen, und das ist sicher nicht so aus der „Luft" gegriffen. Wenn nun vielleicht von den Österreichern sagen wir mal 70% auch testen gehen, werden es von unseren Gästen, wo ein großer Teil nicht lesen noch unser Sprache spricht, vielleicht gerade 30% zum Testen gehen, also kann man die wirklichen Zahlen wer da infiziert ist, sicher verdoppeln. Nur wird das natürlich nicht von der Regierung und Medien wirklich angegeben, weil man ja kein Öl ins Feuer gießen will. Als Flüchtling braucht man ja nur sein „Lager" anzünden, um etwas erreichen zu wollen, und man wird nicht dafür bestraft, sondern lädt noch mehr ein zu uns zu kommen, und stellt das eigenen Volk in allem zurück, obwohl auch unser Gesundheitssystem am Ende ist und wir zurück gestellt werden um Ausländern zu helfen! Läuft da nicht was falsch, vor allem wenn wir von diesen Leuten bestenfalls in ihren Ländern „angeschissen" werden und sicher keine Forderungen machen könnten, wenn wir dort ihre Häuser und Lager anzünden würden, geschweige denn mehr Rechte haben würden als die eigenen Leute, so was gibt es nur in unserem verblödeten Land mit verblödeten Politikern im Parlament.

Im Augenblick, regt mich auf, Ende Mai 2021, ein Thema, daß ich schon in meinen anderen Bücher angeregt hatte, nämlich wo ich sagte, eigentlich festgestellt habe, also es die Wahrheit ist, weil ich so wie hier, keine fiktiven Sachen sondern nur die Wahrheit rein schreibe, und nicht nur die subjektive Meinung von mir, sondern die objektive Wahrheit die ich selber recherchiert habe und gesehen oder erlebt habe. Hier geht es um die „B14" von der Nordbrücke in Richtung Klosterneuburg, wo wir ja jetzt eine Baustelle für die nächsten zwei Jahre haben werden. Nun ist bereits seit Monaten, dort wo die „B14" als „Hochstraße" geführt wird, die Straße von der Nussdorfer Schleuse einspurig geführt wird, warum ist aber unklar, weder wird dort was gebaut, hergerichtet oder anderwärtig gearbeitet, also warum dann schon absolut unnötiger weise die Straße einspurig macht, kann wahrscheinlich niemand begründen, und es haben sich ein paar Bauhilfsarbeiter daran gemacht um ihre Abgrenzungstafeln irgendwo sinnlos aufstellen zu können, denn die Bauarbeiten beginnen erst mehr als zwei Kilometer weiter, nach dem „Kahlenberger Dorf" also wieso nerven und behindert sie schon vorher die Autofahrer?

Die nächste vertrottelte Aktion ist nun in der Kierlinger Straße wo sie seit vielen Monaten eine Baustelle haben um die „Fernwärme" in die Straße zu legen. An sich kein Problem und es muß eben sein, dient ja der Allgemeinheit, aber wenn ich dann an einem Samstagmittag in Richtung Tulln an dieser nun nur einspurig befahrenen Kierlinger Straße fast 20 Minuten warten muß, weil ein vertrottelter Bauhilfsarbeiter nicht fähig ist, die Ampel so zu schalten, daß vielleicht mehr Autos in jede Richtung kommen würden, dann dürften solche Idioten nicht die Zeitspanne der Ampelregulierung machen. Wir sind hier in Klosterneuburg, und sicher nicht auf der Südosttangente wo dieser Stau täglich zu erwarten ist. Unter der Woche, wo zwei Mann diese Phasen mit Handsignalen regeln, geht es relativ gut, aber am Wochenende ist es ein Horror, und viele Autofahren verlieren dann die Nerven und drehen mit zigmal reversieren um, wobei sie natürlich mit dem entgegenkommende Verkehr in Konflikt kommen, was nicht gerade zur Verkehrssicherheit beiträgt. Also welche Idioten sind berechtigt solche Phasen einzustellen und Tafeln nach ihren Gutdünken aufzustellen?

Heute den 18. Juni 2021 wird wieder fleißig im TV für die „Kinderarmut" geworben, weil wir angeblich eines der reichsten Länder sind, (ich frage mich, wer das ermittelt hat?) aber jedes FÜNFTE Kind in Armut lebt! Nun ich lebe seit mehr als 30 Jahren an der Armutsgrenze, und ich hätte dazu ein gute Lösung! Denn wer sich einen Hund kauft, oder so wie ich aus dem Tierheim holt, wird kontrolliert, ob er einen Garten hat usw. bevor man den Hund bekommt. Natürlich muß man selbst im Tierheim für die Impfungen vorher was bezahlen, bei mir 250.-€ und dann auch noch Hundesteuer, was ein Kapitel für sich ist, habe ich auch schon in anderen Büchern beschrieben, denn man bezahlt für das ganze Jahr Steuer, auch wenn man den Hund erst im November bekommt, was nur in unserem vertrotteltem System möglich ist. Nun bei den Kindern ist es anders, jeder Vollkoffer, Alkoholiker, ob arbeitslos oder nicht, kann ein Kind machen und wird von unseren System noch unterstützt. Er wird von allen Seiten unterstützt, bekommt die Impfungen gratis und ich muß sie für meinen Hund bezahlen, dazu noch Kinderbeihilfe und gesundheitliche Unterstützung in jede Richtung, ich muß aber den Tierarzt selber bezahlen.

Nur glaube ich nicht, daß diese Methode die richtige ist. Wenn ich zu blöd bin, zu verstehen, daß ein Kind bis es erwachsen ist, viel Geld kostet, weil unser blödes Volk, eben nicht in eine Eigenverantwortung zu entlassen ist, dann müsste man es verbieten, daß sie scharenweise Kinder in die Welt zu setzen um dann eventuell von der Kinderbeihilfe leben zu können. Also wenn eine Familie schon an der Armutsgrenze lebt, dann sollen sie nicht noch weiter Kinder in unserer sowieso schon überbevölkerten Welt Kinder in die Welt setzten, was nicht mal die dümmsten Tiere machen würden, denn die regulieren sich in ihrem Revier, wie es z.B. die Gemsen tun, wenn es nicht genug Futter gibt, dann werfen sie nächstes Jahr keinen Nachwuchs, nur unsere verblödete Menschheit tut es. Dann zeigen sie noch im TV wie eine 16 jährige Asylantin im Flüchtlingslager heiratet und stolz schon wieder ein neugeborenes in die Welt gesetzt hat. Wie blöd muß ein Mensch denn sein, wenn er in dieser Situation ein Kind unter diesen Umständen in die Welt setzt? Aber unsere NGO's und Gutmenschen freuen sich noch darüber und unterstützen diesen unverantwortlichen Scheiß, und verbreiten diese „erfreuliche" Nachricht noch in den Medien, was ja genau so verblödet ist wie sie in der Serie „Teenager werden Mütter" zeigen, wo sie andere vertrottelte Teenager und Kinder, dazu anstiften es nach zu machen, weil sie ja ins Fernsehen kommen wollen, und es ja so „cool" ist! *Nein ist es nicht, es ist vertrottelt!*

Mitte Juni, nach etwas Lockerung der Covid Maßnahmen, haben ein paar Tausend Kinder, Jugendliche und natürlich auch Erwachsene ausgiebig am Karlsplatz gefeiert, wobei natürlich mit zunehmender Stunde hunderte voll Besoffene viel Lärm gemacht haben, der Karlsplatz wie eine Müllhalde aussah und die Besoffenen auf die

Denkmäler geklettert sind, und mehr oder minder, genug Schaden angerichtet haben, die natürlich der Steuerzahler bezahlen muß. Genauso wie den darauf folgenden Polizeieinsatz, da sich Anrainer über den Krawall und den Zerstörungen beschwert hatten, was natürlich verständlich ist. Nun bei diesem Polizeieinsatz wurden acht Polizisten verletzt, aber die Randalierer haben sich über ein zu brutales Vorgehen der Polizei beschwert, obwohl keiner von ihnen verletzt wurde. Also wie verblödet sind wir eigentlich? Ich bin weder ein Freund unseres Systems, noch der Polizei, aber wenn meine Kollegen mit Flaschen beworfen und verletzt werden, werde ich sicher nicht mit „Streicheleinheiten" gegen diese „Partygäste" vorgehen, und da würden sicher auch ein paar der Randalierer verletzt werden, was aber hier nicht der Fall war, da unsere Polizei sicher nicht so hart zugegriffen hat.

Nur am nächsten Morgen haben ein paar vertrottelte Redakteure vom Boulevard Sender „Puls 4" ein Interview mit einem jugendlichen Mädchen gebracht, das eigentlich mehr als vertrottelt war und völlig aus der Luft gegriffen, denn sie behauptete ja, weil sie so arm waren, sie hat geglaubt die Polizei wäre da um sie zu beschützen, aber nicht gegen die Partygäste vorzugehen, und sie wollte nur mit den Polizisten reden, die kamen aber mit Schildern und Pfefferspray auf sie zu! Ja wie haben sie dem Mädchen ins Gehirn geschissen? Da werfen hunderte Besoffene Flaschen und sie kommt und alle Polizisten in der Reihe erkennen sofort, daß dieses *„Eine"* Mädchen mit ihnen reden will, und sie die *„Eine"* ist, die keine Flaschen wirft? Und so ein bescheuertes Interview bringt dieser verblödete Sender? Ich frage mich, wieso waren denn so viele Besoffen dort, wenn da so viele Kinder und Jugendliche waren? Was haben die zu so einer Stunde am Karlsplatz verloren, und vor allem, wie kommen die zu Alkohol, wenn sie doch alle so jung sind und noch Kinder? Solche Redakteure sollte man sofort entlassen, die solche Interviews bringen und das sowieso verblödete Volk, noch gegen die Polizei aufhetzten, nur um vielleicht von den sechs Kategorien Österreicher ein paar Einschaltquoten zu erzielen.

Eigentlich bekomme ich jeden Tag ein paar Neue Argumente für mein „BBB" denn nun sollen ALLE in den Schulen ein Laptop bekommen, teilweise sogar Gratis, damit angeblich alle mehr Chancen für ein besseres lernen haben. Nun von dem mal abgesehen, daß die Herstellung der Laptops mit den dazu gehörigen Batterien, ungefähr so viel Umweltschaden angerichtet haben wie bei den Elektroautos, die Handys kommen noch extra oben drauf! Nur daß ohne Strom, eher nichts mehr los ist, weder mit lesen oder schreiben und ich rede da noch gar nicht von den Speicherungen der Daten, die alle auf einen Schlag weg sein können, mit einem Softwarefehler oder anderem elektronischen Bauteilen. Dazu kommt natürlich die komplette Kontrolle aller die nun die Laptops benutzen, und wieder das „Tüpfelchen" auf dem „I" ist, man zwingt jeden zu einem Internetanschluß, der natürlich auch zu bezahlen ist, es sich aber nicht Jedermann so einfach leisten kann, obwohl natürlich der größte Teil der „Nasenbohrer" täglich stundenlang online sind und die Zeit im Internet und Videospielen verbringen! Nun aber sind wir wieder bei den „Umweltschützern" wie der „Greta" mit ihren „Friday for future" denn niemand sagt dazu, wie viel dazu nötig ist, alle diese Laptops online über zig Server zu verbinden, wo millionen von Watt an Strom verbraucht werden, das aber niemand dazu sagt, weil der kommt ja aus der Steckdose, und die Videos und Daten die heruntergeladen werden, verbrauchen mehr als stundenlanges Bügeln! Aber man redet dem verblödeten Volk ein, wie gut es ist, alles auf einem Laptop oder Smart Phone zu haben, wie könnte man denn die ferngesteuerten Kategorien leichter kontrollieren als auf diesem Weg?

Nachdem sie nun auch für jede Schule kostenloses WLAN für die Laptops zur Verfügung stellen wollen, um einen schnellen, sicheren Internetzugang für alle zu haben, kann ich das eher nur anzweifeln. Denn wenn jemand glaubt daß diese Verbindung nun schnell und sicher sein wird und auch bleibt, der kann nur ein Vollkoffer sein, wenn er daran glaubt, denn eines steht schon im Vorhinein fest, dieser Anschluß wird sicher nicht nur für die Schullaptops benutzt werden, sondern die ferngesteuerten Kinder oder Studenten werden diesen Anschluß sicher dazu benutzen, um nicht ihre eigen GB zu verbrauchen, um ihre „YouTube" Videos und Spiele runter zu laden, also ist ein Zusammenbruch des besten Servers schon vorprogrammiert, von weiterem Datenmissbrauch und Internetkriminalität mal abgesehen, die auch darauf folgen wird! Nachdem ja jetzt eine neue Krankheit kreiert wurde, nämlich die „NOMOPHOBIE" weil die ferngesteuerten „Selfidoten" davor Angst haben, ohne Smart Phone auskommen zu müssen, kann man sich ja leicht vorstellen wie dieser WLAN Zugang ausgenutzt wird, und mit diesem Zugang unterstützt man diese noch, und erleichtert die Abhängigkeit noch mehr bei Jugendlichen und Kindern! Und ob das eine so gute Idee ist, wage ich zu bezweifeln.

Jetzt Ende Juni gibt es gerade viele Diskussionen, weil man in Ungarn ein Gesetz gegen Homosexuelle herausgebracht hat, und die auch nun nicht mehr Blutspenden dürfen. Nun da sind wir wieder bei der „Gleichstellung" was ich persönlich aber auch nicht einsehe, wie ich vorher schon angeschrieben habe, denn ich finde es auch für mich sehr verstörend wenn „DAS" Conchita Wurst mit einem „Bart" herumläuft und ich eigentlich nicht weiß, wie ich ihn anreden soll, ist „DAS" Conchita jetzt ein „Männchen" oder „Weibchen"? Da er einen Bart trägt, wäre er „normal" gesehen ein Mann, was er aber anscheinend doch nicht sein will, also was ist er? Ich weiß auch nicht wie verstörend es für Kinder sein muß, und ob es ein Kind jemals begreifen kann, wenn es mit Adoptiveltern aufwachsen muß, wo der Vater „Walter" heißt, und er zu der Mutter „Karl" sagt, also für mich wäre es verstörend und ich glaube nicht, es einem Kind als „normal" erklären zu können.

Also ich leide sicher nicht an „Homophobie" und zum Glück habe ich die Erlebnisse in meiner Jugend weit hinter mir gelassen, und solange ich nicht aufpassen muß, wenn ich mich um die Seife in der Dusche bücke, habe ich mit Homosexuellen keine Probleme, nur brauche ich diese dramatischen Partnerbeziehungen eben nicht in einer Fernsehserie, noch daß sie jetzt anscheinend „in" sind! Nun angeblich werden die Blutkonserven ja auf div. Viren, unter anderem auch HIV untersucht, nur es wurden leider schon ein paar Mal Leute mit Blutkonserven infiziert, also sicher nicht für die so wirklich lustig, und ehrlich gesagt, würde ich mich auch nicht gerne mit HIV anstecken lassen. Nun ich weiß nicht, wie weit dieses Gesetz in Ungarn nun gerechtfertigt ist oder nicht, aber laut Statistik, ist AIDS, auch wenn

man es nicht mehr als reine „Schwulenkrankheit" bezeichnet, doch
größtenteils bei Homosexuellen und Drogensüchtigen verbreitet, und
mehr bei Männer als Frauen, wie in der folgenden Statistik, nach zu
lesen ist:

AIDS-Statistik der Aids Hilfe Wien   AIDS in Österreich

1.   AIDS-Erkrankungen
von 1983 bis 30. Oktober 2008
2.658, davon 1.479 verstorben
derzeit 1.179 AIDS-PatientInnen

34,2 % Homo/bisexuell (909)
24,1 % IV-Drogen (641)
20,1 % Heterosexuell (533)
* 1,0 % Mutter-Kind (26)*

20,9 % Frauen (34,9 % Drogen, 46,6 % Hetero)
79,1 % Männer (21,3 % Drogen, 13 % Hetero, 43,2 % Homo)

Bundesländer:

Wien	*1.271*	*47,82 %*
Burgenland	*30*	*1,13 %*
Kärnten	*69*	*2,60 %*
OÖ	*443*	*16,66 %*
NÖ	*164*	*6,17 %*
Salzburg	*114*	*4,29 %*
Steiermark	*182*	*6,85 %*
Tirol	*268*	*10,08 %*
Vorarlberg	*117*	*4,40 %*

2. HIV-Infektionen
ca. 12.000 – 15.000 (etwa die Hälfte davon in Wien)
2/3 davon Männer
1/3 davon Frauen

3. Neuinfektionen
Täglich 1 bis 2 Neuinfektionen in Österreich.

Im Jahr 2007 wurden 515 Neuinfektionen festgestellt.
In den ersten drei Quartalen des Jahres 2008 wurde bei 373 Personen
in Österreich eine Infektion mit HIV neu diagnostiziert. Das sind um
zwölf neue HIV-Diagnosen weniger als im Vergleichszeitraum 2007.

2006 erfolgten fast 42 Prozent der Neuinfektionen über heterosexuelle
Kontakte (1998 waren es 27%!), 28,6 Prozent über homosexuelle
Kontakte und 20,5 Prozent über intravenösen Drogenkonsum.

Pro Jahr werden in Österreich rund 1 Mio. HIV-Antikörper-Tests
durchgeführt (500.000 davon im Spendenwesen). Ein Problem ist,
dass die Tests z.B. im Spendewesen oft in der falschen Zielgruppe
durchgeführt werden (PensionistInnen u.s.w.). Einerseits wird sehr
viel getestet, andererseits wird bei vielen der Betroffenen die HIV-
Infektion erst im Zuge der tatsächlichen Erkrankung bekannt.

AIDS weltweit
Alles zur Epidemiologie von HIV/AIDS sowie eine detaillierte
Länderstatistik finden Sie unter http://www.unaids.org

Nun wie weit jemand damit konform geht, bleibt jedem selber überlassen, genau wie die Diskussion über die neue „Delta" Variante von „Covid 19" die noch ansteckender sein soll, als das bisherige „Corona Virus" aber trotzdem immer noch Leute gibt, die sagen es ist nur eine „leichte Grippe" und ich bin immerhin jetzt schon 71 Jahre, aber ich habe es bis Dato noch nicht erlebt, daß sie z.B. eine groß Stadt wie „Lissabon" für zwei Tage komplett abgeriegelt wird. Von den Toten in Brasilien und anderen Ländern gar nicht zu reden. Aber wenn sich die Impfgegner dann die Behandlungen, falls sie doch nicht immun sind, sich infizieren und vielleicht sogar auf die Intensivstation kommen müssen, die Behandlung selber bezahlen sollen, ja dann auf einmal verlangen sie die gleiche Behandlung wie die Leute die sich impfen ließen. Nur eigentlich würde ich es als schwere Körperverletzung verurteilen, wenn er andere Leute infiziert, nur weil er ein Impfgegner und Maskenverweigerer ist. Bis Dato kosten alleine die Test die gemacht wurden und Gratis verteilt wurden, an die 700.000.000 € und es wird noch mehr werden. Soweit ich weiß, muß man beim „Mutter Kind Paß" alle vorgeschriebenen Impfungen machen lassen, um die Gelder für das Kind zu kassieren, daß machen alle ohne Bedenken, denn da gibt es ja auch Geld dafür, aber hier verweigern sie die Impfung, weil wir ja jetzt an die 8.000.000 „Virologen" in Österreich haben, die alle besser Bescheid wissen, als unsere Ärzte und Virologen.

Ich hoffe nicht, aber wenn es ganz schlecht kommt, dann steht uns noch ein „vierter" Lockdown und Welle bevor, denn ein verblödetes Volk kann man nicht in Eigenverantwortung lassen, wie ja die Vergangenheit bewiesen hat, denn hier wäre eine Diktatur besser um eventuell das Volk besser gegen solche uneinsichtigen Verschwörer zu schützen, denn die unterscheiden sich nicht, von irgendeinem Amokschützen der herumläuft und wahllos Leute tötet, nur geht es hier im stillen vor sich, und man kann es nicht nachweisen, welches „Arschloch" einen infiziert hat, und man dann mit der „leichten Grippe" im Spital liegt, und vielleicht dann noch mit „Langzeit Covid" monatelang laboriert und es fraglich ist, ob Geschmack oder Geruch, jemals wieder zurück kommen, und das, weil ein „Arschloch" behauptet, es ist nicht mehr als eine „leichte Grippe" und man kann sich gegen diese „Arschlöcher" nicht wehren!

Nun zum Glück, hatte da jemand eine Idee, da es uns teilweise an Pflegepersonal fehlt, speziell in kleineren Orten, und wir bilden nun ***„Community health nurses"*** aus! Ja wie sehr haben sie diesen Volltrottel ins Hirn geschissen, der österreichischen Pflegekräfte solch einen Namen gibt? Sind wir in England oder in den USA? Der größte Teil unserer Jugend ist nicht mehr fähig einen kompletten Satz in Deutsch zu schreiben, weil sie entweder alles nicht mehr ganz aussprechen, oder Worte einer Sprache verwenden, die sie noch weniger beherrschen, aber es „in" oder „hipp" ist. Nun wieso müssen wir in Österreich dem Pflegepersonal solche englische Namen geben? Wieso können solche „Vollkoffer" in einem öffentlichen Amt sein und dafür noch, wahrscheinlich viel Geld kassieren? Wie wenig sind wir eigentlich noch Patrioten um alles zu „verenglischen", haben wir das wirklich nötig, sich auf die Stufe auf z.B. Amerikaner zu stellen? Derjenige der aber eine Österreichischen Organisation den Namen: „Community health nurses" gibt, dürfte aber auf dieser Stufe stehen.

Für die habe ich schon in vorigen Büchern eine zutreffende Aussage gemacht:

Besonders stolz bin ich auf ein AKRONYM, das mir für die USA eingefallen ist, speziell weil in den „gescheiten" Nachschlagewerken dabei sogar die USA (United States of America) als Beispiel für ein AKRONYM angegeben ist. Wahrscheinlich weiß jeder, was ein AKRONYM ist, es aus dem griechischen kommt und ein aus den Anfangsbuchstaben mehrere Wörter gebildetes künstliches Wort ist, wie eben USA. Nur mein AKRONYM, nämlich „IIII" für das Micky Maus Land, gefällt mir persönlich wesentlich besser, vor allem weil es voll zutrifft. Allerdings glaube ich, daß wenig Chance besteht, daß es jemals in ihre Verfassung statt der Bezeichnung „USA" aufgenommen wird.

Man kann die Leute in Nordamerika, speziell die Politiker, mit vier großen „I" sehr gut und treffend beschreiben:
IIII: Incredibly - Insane - Ignorant - Idiot

Frei Übersetzt würde es ungefähr bedeuten:

Unglaublich geisteskranke unwissende Idioten!

Jahre später, als ich die vier „I" erfand, erfuhr ich durch einen eher nicht sehenswerten Film die übersinnliche Bedeutung von den „IIII". Die vier digitalen Striche standen auch für die Ziffer „1" und bedeuteten damit die Uhrzeit „1111", und die Personen des Films glaubten daran, es für das sogenannte „Hells gate"[10] steht, das mit „IIII" bezeichnet wird und sich um 1111 Uhr zur schwarzen Dämonenwelt öffnet. Als ich das herausfand, war ich sehr amüsiert, aber vielleicht sollte man es ernst nehmen und als Omen betrachten, daß ich dem Micky Maus Land diese Bezeichnung gab?

Ich denke, man muß es verdammt ernst nehmen, denn wenn ich mich recht erinnere, dann fängt ja auch der „Mainzer Karneval" am 11.11. um 1111 Uhr an, und wenn das kein böses Omen ist, was dann? Es kann doch keine größere „Pein" geben, als wenn man sich „Mainz wie es singt und lacht" ansehen muß! Obwohl ich dazu auch eine gute Idee hätte. Ich weiß nicht, ob es heute noch so gehandhabt wird, aber früher hatte man für schwere Verbrechen als zusätzliche Bestrafung an dem Tag der Tat Dunkelhaft, hartes Lager und nur Wasser und Brot bekommen! Vielleicht wäre es besser, als Strafverschärfung die Gefangenen zu zwingen sich „Mainz wie es singt und lacht" oder „Den Villacher Fasching" ansehen zu müssen, ich glaube, daß es besser wirkt und sie reumütig über ihre Tat nachdenken würden.

Man macht ja immer Werbung dafür, daß alles online und über Internet und Webseiten für jeden zu erledigen ist, was aber sicher, aus eigener Erfahrung erlebt, sicher nicht funktioniert. Da meine Frau und ich, nun beide seit langem alle zwei Impfungen mit „Moderna" erhalten habe, habe ich versucht über info@elga-serviceline.at eine Bestätigung zu erhalten um nicht immer den Impfpaß mitschleppen zu müssen! Nach drei Wochen habe ich eine zweite Anfrage gesendet, nur niemand bei „ELGA" fand es nur der Mühe wert, auch mal zu antworten. Also wo bleibt da eigentlich das von der Regierung angekündigte Service, mit dem ja ältere Leute ohne Internet und Smart Phone, von Haus aus ein

---

[10]   Höllentor

Problem haben? Denn dieses System mit der vertrottelten Regierung will uns zwingen, nicht nur das wir uns ein scheiß Smart Phone kaufen sollen und einen Internetanschluß dafür bezahlen können, sondern dann wollen sie noch, das man sich eine „Bürgerkarte" löst, was sogar für mich relativ kompliziert vor sich geht, aber ich sowieso nicht machen will. Noch weniger die beschissene „Handy Signatur" zu der man uns zwingen will, und so wie es aussieht wird man dafür noch bestraft, wenn man sich die dazugehörigen APP's nicht runterlädt, also was machen die Leute ohne Smart Phone? Vor allem, wenn die Batterie aus ist oder das Smart Phone kaputt ist und alles weg ist?

Noch verblödeter ist ja nun, daß sie alle Leute mit Smart Phone, nun auch noch die diversen APP's für ein „Smart home" überreden wollen, wo sie alles mit ihrem „Handy" steuern können, und sie haben noch die Frechheit, den verblödeten „Selfidoten" einzureden, daß alles sei sicher, nur wie problematisch kann es für einen „Hacker" sein, unsere APP für das „smart home" zu knacken, wenn sie internationale Ölfirmen die Pipeline stilllegen können oder die Kranherstellerfirma Palfinger und wie jetzt eine große Molkerei in Salzburg „still legen" zu können und zu erpressen?

Hier nochmals ein Auszug vom Buch „Mit jeder APP wirst mehr zum Depp" :

Nun machen sie auch Werbung, damit sie eine APP auf ihr Smart Phone laden, um wirklich alles mit dem Smart Phone überall bezahlen zu können. Damit wissen sie sicher, welcher „Nasenbohrer" wo gekauft hat, aber nicht nur wo, sie wissen Alter, Geschlecht, Ort, Zeitpunkt und vor allem, was sich der Nutzer gerade gekauft hat. Nun diese Vollkoffer sind noch stolz darauf, welche Technik sie da auf ihrem Handy haben. Wie weit diese „Errungenschaften" noch gehen werden, steht in den Sternen, jedenfalls ist es der Niedergang der Menschheit.

Wie verblödet muß ein Volk sein, wenn man ihnen in der Werbung zeigt, daß man mit dem Smart Phone seine Cafe Maschine

*einschalten kann? Vor allem, sie zeigen jemanden der dabei genau
vor seiner Cafe Maschine steht, aber er streckt nicht die Hand aus
und drückt auf den Knopf der Cafe Maschine, nein sie haben ihm so
ins Hirn geschissen, daß er lieber ein Signal ins „Nirgendwo" sendet,
um so „smart" seinen Cafe zu machen! Somit kann man natürlich
auch mit dieser „smarten" APP genau wissen, wann der
ferngesteuerte Vollkoffer seinen Cafe zu sich nimmt. Dann gibt es für
das ganze Haus für alles eine APP. Wenn geht soll man alles damit
steuern, damit sie über das absolut verblödete Volk noch mehr Macht
bekommen, um alles berechnen zu können, und alle Angewohnheiten
schon im Vorhinein zu kennen, um ihnen dann jeden Schmarrn
einreden und verkaufen zu können. Wir brauchen keinen
Haustürschlüssel mehr, sondern sollen mit dem „Handy" aufsperren,
in der Hoffnung, daß es auch geladen ist und nicht gerade die Batterie
ihren Geist aufgibt. Natürlich wird das alles als total „Sicher"
verkauft, es kann nicht „gehackt" werden, oder doch?*

Es tut mir wirklich weh, wie man unsere sechs Kategorien
Menschen, wirklich alles und jedes einreden kann, und sie noch darüber
glücklich sind, wie man sie mit der Werbung verscheißert, und man
kann es leider, wie die Klimaerwärmung, nicht mehr aufhalten und ich
sehe wie Einstein mit seinem Spruch recht hat: ***„Die Blödheit ist
unendlich"*** Und es ist auch der Fortschritt nicht aufzuhalten, und ich
bin sicher nicht gegen einen Fortschritt, nur sollten dabei doch gewisse
Grenzen gesetzt werden, was wirklich für ein glückliches Leben
notwendig ist, und nicht damit die Menschheit noch mehr zu verblöden,
sie ist schon blöd genug, wie man ja deutlich erkennen kann.

Nun haben sie meiner Frau, die in Wien lebt, Ende Juni einen
PCR Test zugesendet und ich möchte nicht fragen, was diese Tests die
kostenlos zugesendet werden, nun wirklich dem Steuerzahler kosten,
und wer dran am meisten verdient, wie Hersteller und Labors und die
Leute die diese Idee hatten und vermittelt haben. Nun leider hat, wie
wahrscheinlich viele Leute, die noch keine „Selfidoten" geworden sind,
meine Frau kein „Smart Phone", noch Internet, und somit kann sie auch
nicht den „QR" Code einlesen oder fotografieren, und ich frage mich,

wie viele dieser sicher nicht billigen PCR Test hier im Mist landen? Wie kann eine Regierung die Leute dazu nötigen, sich einen Internetfähigen Computer oder Smart Phone zulegen zu müssen, und vor allem einen Internetanschluß haben zu müssen, das ist ja ärger als in jeder Diktatur.

Nun bzgl. Internetanschluß kann ich wieder mal einflechten, heute im Teletext gelesen, daß nun Südkorea 180.000.000 US$ investieren will um ein „6 G" Netz zu entwickeln, was mehr als bescheuert ist, wie ich ja auch schon in vorigen Büchern geschrieben habe, wie vertrottelt kann es noch werden, um die ferngesteuerten „Selfidoten" dazu zu bringen, sich wieder ein neues Smart Phone zu kaufen, denn wieso brauchen wir ein „6G" Netz wenn nicht mal das „4G" geschweige denn, das „5G" Netz funktioniert, und ich rede da nicht mal vom runter- oder hochladen ins Internet, sondern ich kann nicht mal telefonieren, weil die Verbindung so schlecht ist, und ich entweder rausfliege, oder mich Leute bei mehrere Anrufen nicht hören, aber ich schon, und an ein „Update" vom sch.. Smart Phone rede ich da gar nicht, denn das ist mehr als mühsam und langsam! Und ich rede hier von Klosterneuburg und nicht vom dichten Urwald im nirgendwo! Aber den sechs Kategorien der Menschheit ist alles einzureden und zu verkaufen, somit wird auch der sch.. mit dem „6G" Netz verkauft werden. Auf jeden Fall, können sie den ferngesteuerten Vollkoffern wieder einen noch „schnelleren" und angeblich „besseren" Internettarif verkaufen! Insgeheim hoffe ich mal auf einen großen „Sonnensturm" und das wirklich alles zusammenbricht, damit die Leute endlich begreifen, was wirklich für ein glückliches Leben notwendig ist, was sicher kein Smart Phone oder schnelles Internet ist. Wie der Tornado in der Tschechei und die Hagelunwetter in Niederösterreich die letzten Tage gezeigt haben, hat ihnen ihr Internet und Smart Phone nur geholfen, ihre Handyvideos, solange ihr Internet noch funktionierte, in die diversen Medien hochzuladen, hoffe sie hatten schnelles Internet um die „geilen" Zuseher damit zu beglücken.

Auch wieder ein „highlight" in der Kariere von Pamela Rendi-Wagner der Parteiobfrau wo sogar nach dem größten Absturz, „Die Richtung immer noch stimmt" wurde nun mit 75% wieder gewählt, nun wahrscheinlich sterben die Wähler von früher für die SPÖ auch langsam aus, denn das Motto „rot bis in den Tod" dürfte nicht mehr ganz aufgehen, dafür bekommen sie aber alle Migrantenstimmen, denn sie wollen ja alles nach Österreich bringen, um in der Zukunft wieder neue Wählerstimmen zu „züchten" darum wollen sie am liebsten jeden der nach Österreich reinkommt, sei es legal oder nicht, auch gleich die Staatsbürgerschaft dazu schenken, es genügt anscheinend nicht, das von allen denjenigen, unser Sozialsystem „ausgesaugt" wird, egal ob die wirklichen österreichischen Staatsbürger dabei auf der Strecke bleiben. Da sie ja eine „Vollblut" Politikerin ist, erübrigt sich nochmals darüber zu schreiben, was ich von Politikern im Allgemeinen halte, nur wenn ich die SPÖ Obfrau sehe, erinnert es mich immer an die Schlange „Kaa" im Dschungelbuch wenn ich sie auftreten sehe und reden höre. Sie fühlt sich auch mit den 75% noch immer bestätigt, obwohl da eigentlich der Song aus dem Jahr 1968 von „Hildegard Knef" passen würde „Von nun an gings bergab" wo ja jetzt die Richtung dazu stimmt!

Nun auch die neue „Delta Version" beunruhigt nicht nur die Spanier wo Lissabon noch immer „geschlossen" ist, sondern auch in Russland wieder die „Corona" Toten zunehmen, und nach Deutschland muß man nun wieder, wenn man aus diesen Ländern einreisen will, wieder einmal für 14 Tage in Quarantäne, und da frage ich mich schon, was die EU eigentlich für einen Sinn hat, wenn alle Regeln überall anders gehandhabt werden und auch nach über einen Jahr der Pandemie, mit eigentlich, gar nichts, eine Linie zusammen gezogen wird, und mit nichts eine Einigkeit herrscht. Mit der „Delta" Covid Version, haben natürlich die Impfgegner wieder „Rückenwind" bekommen, denn die „Verschwörer" sagen natürlich, alles nicht wahr und nur ein neuer Trick, über die „Hintertüre" die Leute zum Impfen zu zwingen, weil ja die Impfung so viele Nebenwirkungen hat und ja so gefährlich ist.

Nun ich kann es verkraften wenn bei Millionen von geimpften ein paar Tote und Nebenwirkungen sind, denn ich musste um meine Reisen nach Afrika und Indien, auch etliche Impfungen, wie Gelbfieber, Cholera, nochmals Pocken und Malaria Prophylaxe zu mir nehmen, wobei man dann drei Wochen vorher und noch drei Wochen danach die

Pillen schlucken muß, aber man ist dann gegen ca. 12 Malariastämme resistent, aber es gibt leider 52 Stämme an Malaria, also vielleicht mehr eine Glückssache, als ein 90% Schutz vor „Covid" nach der Impfung. Oder man macht es eben nicht und verzichtet zu Reisen und bleibt zu Hause. Und über diese Impfungen und ihren Langzeitfolgen, weiß man eigentlich in Wirklichkeit auch sehr wenig Bescheid, obwohl man sie seit Jahrzehnten verabreicht!

Nun zum Glück, gingen bis Dato meine beiden Impfungen mit „Moderna" auch nach Monaten ohne Nebenwirkungen vorbei, aber wenn ich daran denke, daß ich nun mit 71 Jahren, nachdem ich zweimal eine Attacke mit einem „TIA" hatte, was aber nicht wirklich bewiesen, sondern von den Ärzten eher geraten ist, weil sie nichts anderes gefunden haben, aber meine Symptome bei der Attacke nicht 100% auf eine „TIA" zurück zu führen ist, hat man mir mal einen Blutverdünner, nämlich „Lixiana" verschrieben, was mir persönlich vorkommt, wenn dir ein Arzt sagt, wenn er sonst nichts weiß was los ist: „Hören sie zum Rauchen auf" obwohl derjenige eigentlich gar nicht raucht! Nun ich hasse jede „Pille" aber da ich mich vor einer weiteren „TIA" Attacke im wahrsten Sinne des Wortes „anscheiße" nehme ich nun täglich eine Pille, obwohl ich es hasse, (und ich auch trotzdem zweimal wieder kurz vor einer Attacke war) vor allem wenn ich dabei die Nebenwirkungen am Beipacktext gelesen habe, hier geht's nicht um ca. 20 Leute bei 15.000.000 sondern hier geht es um „Einen" von „Zehn" Fällen, also macht mich das eher nervöser als jede „Covid" Impfung, deshalb möchte ich sie hier mal aufzeigen:

Ich habe bis vor meinem „TIA" keine Pulver genommen und bin stolz darauf gewesen, nun muß ich aber die "Lixiana 60 mg" schwache Blutverdünner nehmen, obwohl sie eigentlich nichts wissen was da wirklich los war, nun zeige ich auf was nur in meinen beschissenen Pulver an Nebenwirkung steht und zwar in 1 von 10 Fällen.

EINER von ZEHN also nicht Promille:

Bauchschmerzen
Auffällige Leberwerte bei Blutuntersuchungen
Blutung aus oder unter der Haut
Blutarmut (Anämie,)
Nasenbluten
Blutung aus der Scheide (Vagina)
Ausschlag,
Darmblutung
Mund- und /oder Rachenblutung
Blut im Urin
Blutung nach einer Verletzung
Magenblutung
Schwindelgefühl
Übelkeit
Kopfschmerzen
Juckreiz,

Also würde ich sie gerne sofort absetzen, denn ich schreibe hier gar nicht was alles bei 1 von 100 oder gar einer von 1000 noch alles steht, aber das kann man sich sicher vorstellen! Da aber alle so gescheit sind, sollten sie eigentlich wissen, wie viele Tote und fürchterliche Reaktionen schon bei Tetanus Impfungen waren, aber jeder lässt sich Impfen weil an Wundstarrkrampf oder Blutvergiftung stirbt man dann sicher! Was Frauen bei der Einnahme der „Antibabypille" an Risiko für Blutgerinnsel eingehen, wenn sie den Beipacktext genau lesen, würden sie wahrscheinlich lieber ein Kondom verwenden. Also wenn jemand einer Plattform wie "Respect" mehr glaubt als hunderten Virologen und Medizinern, dann ist ihm nicht mehr zu helfen, also sollten sie mal darüber nachdenken!

Nun wieder mal ein Mord in Wien passiert, an einem 13 jährigen Mädchen, noch nicht sicher, aber es werden zwei Afghanen mit 16 und 18 Jahre verdächtigt, daß Mädchen unter Drogen gesetzt und dann vergewaltigt haben und später „erstickt" und dann an einem Baum in der Nähe „abgelegt" haben. Nun wie weit nun ein 13 jähriges Mädchen aus welchen Gründen auch immer, selber schuld ist, mit zwei Afghanen in eine Wohnung zu gehen, ist eine Sache für sich. Auch sind die Hintergründe eines Elternhauses etwas fraglich, wenn laut Medien dieses Mädchen schon öfter nicht nach Hause gekommen ist, und welche Eltern müssen das denn sein, wenn sie sich nicht darum kümmern, daß ein 13 jähriges Mädchen nicht nach Hause kommt? Nur darüber zu urteilen, steht mir nicht zu, aber ich frage mich schon, wie können zwei Afghanen wobei einer schon wegen Drogendelikten angeklagt wurde und hätte abgeschoben werden sollen, hier in Österreich frei umher laufen können und von unserem Staat noch unterstützt und versorgt werden?

Der 18 jährige Afghane ist bereits dreimal Vorbestraft, auch wegen Körperverletzung. Was man sich aber auf der Zunge zergehen lassen muß ist, der 18 jährige Afghane hat vom Sozial und Jugenddienst, eine Wohnung zur Verfügung gestellt bekommen. Als Grund wurde angegeben, weil er einen Pflichtschulabschluß hatte und eine Lehre absolviert hat, bekam er eine Wohnung zur Verfügung gestellt und hatte angeblich ein Recht darauf! Also nochmals, wie haben sie uns ins Gehirn geschissen, wenn ein Afghane mit Asylantrag eine Wohnung bekommt, aber ein Österreicher nicht? Ich kenne Hunderte Freunde und Bekannte die einen Schulabschluß haben und auch eine Lehre und sogar Beruf gemacht haben, aber keiner von diesen bekam eine Wohnung zur Verfügung gestellt als er 18 Jahre wurde. Ja wie vertrottelt sind denn unser Land und die Gesetze noch? Wie kann es möglich sein, daß so eine Regierung uns eigentlich ungestraft bevormunden und bescheißen kann ohne daß unser verblödetes Volk endlich mal aufwacht, und anfängt mal selber zu denken? Wir müssen einen Vormerkschein ausfüllen und jahrelang auf eine Gemeindebau Wohnung warten, aber das braucht kein Asylant, der bekommt sie sofort! Wie blöd, vertrottelt und ungerecht kann ein System noch sein?

Wir haben nun 40.000 Afghanen in Österreich aufgenommen, und da frage ich mich schon, wie viele von Ihnen haben nun kostenlos eine Wohnung zur Verfügung gestellt bekommen? Wie viele von ihnen kriminelle sind und bei und schon etliche Verbrechen gemacht hat, kann man natürlich nicht erfahren, da wird sich ja immer auf den „Datenschutz" ausgeredet, und wenn nicht in diesem Fall eine 13 jährigen umgebracht wurde, hätte man wahrscheinlich auch von der Wohnungsvergabe für „Verbrecher" nichts erfahren. Wie schon geschrieben, es sollten mal die „Gutmenschen" und NGO's mit solch einen Verbrechen in Afghanistan sein, wie dann mit ihren „Rechten" umgegangen wird, aber leider waren diese „Helfer" wahrscheinlich mit „Grado" und „Lignano" auf ihrer weitesten Auslandsreise und haben keinerlei Ahnung wie man in anderen Ländern mit uns umgeht.

Zu Wohnungsvergabe von unserem System, möchte ich hier einen kurzen Auszug aus meinem Buch „Zum Denken verurteilt" einfügen, nur um zu zeigen, es hat sich in all den Jahren seit 1990 nichts geändert, sondern eher noch ärger geworden:

Ich bin seit langer Zeit in Klosterneuburg hauptgemeldet und hatte dort auch für zehn Jahre ein Haus gemietet, mit einem Supermietvertrag um 1.- (einen) Schilling pro Jahr, somit wurde ich zum „Wahl – Klosterneuburger". Später wohnte ich, wenn ich in Österreich war, bei einem befreundeten Paar als Mitbewohner, wo ich auch jetzt noch wohne, wenn ich in Österreich bin.

Mit meiner Partnerin und Verlobten zu dieser Zeit, Gabriele, lebte ich auf der ersten „Key of life", und wir legten in den folgenden sieben Jahren zwischen Lignano, Zadar und Malta über 22.000 Seemeilen zurück, bis am 14. April 1990 etwa drei SM vor der Küste von Lignano ein Feuer an Bord ausbrach. Langes Streiten mit der Versicherung, bis sie endlich zu wenig bezahlte, und kein Boot, um in der neuen Saison wieder Geld machen zu können, um zu überleben, zwangen mich das Boot zu verkaufen und auf Wohnungssuche zu gehen, denn wir beide konnten nicht bei meinen Freunden leben, und das wollten wir auch gar nicht. Ich war am „Boden zerstört", aber meine Partner hatten ihr Geld wieder zurück, aber ich kein Boot mehr! Es hätte noch etwas mehr Geld übrig bleiben sollen nach dem Verkauf der „Key of life" und der Versicherungssumme, die dann doch bezahlt werden musste, wenn auch zu wenig, aber... unser Kassier vom Segelclub Ankh, Kurt, hatte in den letzten sieben Jahren etwas über 200.000.- Schilling (zweihunderttausend) veruntreut, und in seinen mit BLEISTIFT geschriebenen Kassabüchern war nicht mehr aufzufinden, wie und wohin sie verschwunden waren. Nun aber diese Geschichten werden detailliert im Buch über die „Erste" Key of life stehen, und ich möchte hier nicht näher darauf eingehen. Nur daß man einen Überblick bekommt, warum ich mich auf Wohnungssuche machte. Gabriele war bei ihrer Mutter gemeldet, wo wir auch kurz einmal wohnten, und versuchte es in Wien und ich natürlich in Klosterneuburg, wo ich ja seit 20 Jahren gemeldet bin, aber immer nur für 14 Tage im Frühjahr oder Herbst in Österreich anwesend war, sonst in der Adria und im Winter in Malta oder Süditalien.

Eine Wohnung über die Gemeinde zu bekommen als „Alleinstehender" war unmöglich, und was mir sonst angeboten wurde, da waren die Mieten zu hoch, vor allem wusste ich ja noch gar nicht, wo ich Geld aufstellen konnte, denn normales Arbeiten würde mir die 1. Österreichische Sparkasse und der ÖID sofort bis zum Minimum pfänden, also keine Chance zu überleben. Was nützte mir eine Wohnung mit 8000.- Schilling Zins, wenn mir nur 9000.- gesamt übrig bleiben, es kommen ja noch Strom, Gas und Essen dazu! Ich hatte ja etwas Geld zur Verfügung und somit wollte ich die Wohnung nicht geschenkt, sondern war bereit bis zu 200.000 Schilling für eine Wohnung zu bezahlen, aber wie es außer mir viele erlebt hatten, es war fürchterlich, was einem angeboten wurde und noch dazu mit horrenden Mieten. Durch ein paar Tipps aus der Bevölkerung wurde ich zum „Stift Klosterneuburg" verwiesen, die im Stift Wohnungen für „Bedürftige" zur Verfügung stellten, teilweise sogar kostenlos! Nur nach meinen gemachten Erfahrungen dürften „österreichische"

Staatsbürger keine „Bedürftigen" sein! Als ich zum Stift kam, fragte ich beim Eingang den Portier, wohin ich wegen eines Ansuchens für eine Wohnung gehören würde. Dieser schaute mich verwundert an und sagte zu mir: „Du bist doch Österreicher?" Ich bejahte, und er hörte sich meine Geschichte an, zu der er dann meinte. Als alleinstehender Österreicher, da konnte er nur lachen, wenn ich einen polnischen Paß oder Staatsbürgerschaftsnachweis hätte, eine Frau und vier Kinder, ja dann könnte ich wahrscheinlich noch am Nachmittag eine Wohnung haben, aber ich, nur mit einer Verlobten, keine Chance! Aber ich könnte es ja versuchen, und so verwies er mich in ein Büro mit besten Glückwünschen, da ihm meine Geschichte mit dem abgebrannten Boot so faszinierte. Eine halbe Stunde später war ich wieder am Heimweg, ich begreife bis heute noch nicht die Erklärungen, warum ein Österreicher dort keine Wohnung bekommt, selbst wenn er ein Klosterneuburger ist, aber ich glaube, das liegt daran, daß es keine glaubwürdige Erklärung dafür geben kann! Wieder aber fragte ich mich: „Wer ist nun eigentlich die Minderheit in unserem Land?" Man ist natürlich sofort ein Rassist, wenn man sagt, daß hier dem Ausländer sichtlich mehr geholfen wird, als einem in Not gekommenen Österreicher, aber es ist doch Tatsache, oder etwa nicht?

Ich glaube, man könnte doch ein wenig behaupten, daß ich in einer Notsituation war, oder zählt es etwa nicht, wenn man gerade sieben Jahre seines Lebens im wahrsten Sinne des Wortes in Rauch und Asche aufgegangen waren, und man seinen zukünftigen Lebensunterhalt nicht mehr verdienen konnte, weil ein Job als Skipper in Wien eher schwer zu finden war, obwohl ich selbst das auf der Donaurinne mit einem „Elektro Party Boot" gemacht habe, zum Gelächter aller meiner „Freunde"!

Nun ist auch ein dritter Afghane mit 23 Jahren festgenommen
worden, der bereits ein verurteilter Sexualstraftäter ist aber in Österreich
noch immer frei herumlaufen konnte, da frage ich mich schon, was ist in
Österreich und unserer Justiz eigentlich los? Wieso können diese
„Höhlenmenschen" eigentlich noch Asylanträge stellen? Eines ist
sicher, leider wissen alle Asylwerber, wie man unser System austricksen
kann, um mit Beschwerden eine weiteren Aufenthalt in Österreich zu
erzwingen und weiter von uns „ausgehalten" werden.

Leider kann man keine Auskunft mit der Ausrede des
Datenschutzes, bekommen, wie viele Gewaltverbrechen nun von den
Flüchtlingen, Asylanten und Migranten verursacht wurden, aber ich
denke der Anteil wird sicher um die 80% liegen, wie wenn wir nicht
genug Kriminelle und gestörte in Österreich sowieso haben. Nein, nur
ein paar Politiker, Gutmenschen und NGO's holen noch ein paar
Tausend zu uns nach Österreich, egal was die in Zukunft für Verbrechen
anstellen werden, also was muß noch passieren, bis die „Österreicher"
endlich aufwachen? Vielleicht sollte es den „Gutmenschen" und

NGO's mal am eigenen Leib und in ihrer eigenen Familie passieren, damit sie sich überlegen solche Kriminellen in unser Land zu holen. Vielleicht begreifen sie dann, wenn sie solche ein Martyrium wie die 13 jährige durchmachen müssen, was es heißt alles aufzunehmen, egal von wo sie kommen und was sie sind. Vielleicht stimmen sie dann auch für eine Abschiebung von Asylanten, wenn sie und ihre Familie von mehreren Afghanen vergewaltigt wurden?

Wir holen uns von vorwiegend männlich betonten „Kulturen" unter der Begründung, ihr eigenes Land sei nicht sicher für sie, nach Österreich. Wir lassen es zu, daß das Motto von ihren Herkunftsländern hier in Österreich von ihnen gelebt wird, nämlich: *„Die Frau hat zu dienen, der Mann zu herrschen"!* Nur wenn sie in ihren Ländern Frauen auch als „zweitrangig" und ohne Rechte behandeln, hätten sie dort sicher keine Chance, bei ihren Gerichten nach Straftaten dagegen Beschwerde einzulegen, wie sie es in Österreich tun, so was ist nur bei uns möglich.

Also wie viel muß man uns noch ins „Hirn scheißen" bis unser verblödetes Volk endlich aufwacht, und mal auf die „Barrikaden" geht, aber nicht um unnötige Demonstration gegen allen möglichen Schmarrn, sonder für Rechte von uns Österreichern, damit wir uns mal gegen die „Einwanderung" und „Aufnahme" von Kriminellen und Verbrechern wehren können, die von unseren System in unser Land geholt werden. Heute am 30. Juni 2021 hat ein FPÖ Politiker im TV gesagt:

„Wenn man halb „Kabul" nach Österreich holt, werden wir in Bälde, Zustände wie in „Kabul" in Österreich haben.

Ich muß sagen, er hat damit nicht so unrecht, und eines ist sicher, was natürlich die NGO's und „Gutmenschen" nicht sehen, weil sie ja natürlich keine Ahnung von den Zuständen in diesen Ländern haben, wenn sie dort, auch wenn Frauen dort „zweitrangig" sind, eine Frau vergewaltigen, geschweige denn, umbringen würden, dann würden sie dort sicher nie vor Gericht gestellt werden, sondern sie würden sofort am nächsten Ast, aufgehängt werden! Nur Leute mit solch einer Weltanschauung, die sich hier für Immigranten, Asylanten und Flüchtlinge stark machen, sind diejenigen die schon „Humbold" beschrieben hat. Wer von einer Sache, oder Job keine Ahnung hat, sollte keinerlei Recht haben diesen auch auszuüben.

Davon mal abgesehen, das diese „Männer" von diesen Ländern, nicht nur die Frauen und deren Rechte mit Füßen treten und ignorieren, nein, diese Männer sind zu 90% noch blöder als ein „Stein" und machen sich zu „Sittenwächter" mit der Kontrolle von den mitgebrachten und geflüchteten Frauen, auch bei uns wichtig und unsere Regierung und System lässt das auch noch zu. Es fällt mir schwer zu sagen:

„Lieb Vaterland, magst ruhig sein"

Wir haben nun Anfang Juli 2021 und die vertrottelte Fußball EM verfolgt mich überall, und man entkommt ihr nicht. Egal welchen Sender man einschaltet, überall nur EM sogar ORF sendet im „ORF 1" im Hauptabendprogramm nur diesen Sport für „ferngesteuerte" nämlich Fußball, und für das zwingen sie das verblödete Volk noch GIS zu bezahlen, und es lässt es sich gefallen, und man hat keine Chance gegen diese ungerechten und vertrottelten Gesetze vor zu gehen, weil der Großteil dieser sechs Kategorien noch gerne für dieses Programm und der noch mehr verblödeten Werbung bereit sind, ohne murren zu bezahlen. Nun werden noch Millionen von Euro für eine Werbung rausgeschmissen, um die Leute zum Impfen zu bringen! Nur es wird nichts nützen, denn wie heißt es so schön: „Du kannst einen Esel zum Wasser führen, aber du kannst ihn nicht zwingen zum Trinken"! Und wenn ich da an die eine Werbung denke, wo eine fürchterliche Kinderstimme mit einem fürchterlichen Lied den Leuten was vorsingt, daß wirklich weh tut wenn man es hört, also weit entfernt davon ist, jemand für eine Impfung anzuregen, dann frage ich mich schon, wer so etwas anschafft und uns dafür bezahlen lässt? Wenn ich nicht schon zweimal geimpft wäre, würde mich diese Werbung eher davon abhalten.

Es ist eben ein Problem, wenn man ein Volk mit diesen sechs Kategorien, etwas erklären soll, egal um was es sich handelt, in dem Moment wenn sie über was nachdenken sollen, ist es bereits vergeblich gewesen, wie es auch mit meinen Bücher nicht gelingen wird, jemand zum nachdenken anzuregen, weil sie es nicht können, noch wollen. Ein paar Freunde meinten, weil ich sicher mehr Talent zum Erzählen, als zum Schreiben habe, ich soll meine Geschichten in einem jetzt ja in Mode gekommenen „Podcast" bringen. Na ja, nur wenn ich da sehe und höre, daß sie ein Podcast mit Interviews mit einem „Lugner" oder „DJ Ötzi" bringen, dann bin ich bei dieser ferngesteuerten Masse sicher falsch, denn die wollen mich sicher nicht hören, noch will ich jemanden etwas erzählen, der sich von solchen Personen ein Interview anhört, denn wenn ich mal in so eine geistige Umnachtung falle und mir einen Lugner oder DJ Ötzi anhöre, will ich nicht mehr leben, denn dann habe ich sicher eine gröbere Demenz, also ist dieses Publikum sicher nicht das richtige für meine Bücher noch für ein „Podcast" von mir. Denn egal wie lange ich darüber nachdenke, wie kann ein erwachsener Mensch jemals ein Interesse daran haben, sich ein Interview vom „Lugner" oder „DJ Ötzi" anzuhören? Es würde mich genau so viel interessieren, wie wenn in China ein Sack Reis umgefallen ist!

Nun Dank der Fußball EM, haben sie in England nun eine vierte Welle auf sich zukommen, diesmal in der „Delta" Version, aber wie soll es denn anders sein? Trotzdem man angeblich alle getestet und nur mit den „3G" Regeln ins Stadion gelassen hat, waren bei dem einen Schottlandmatch 20.000 Leute im Stadion und von diesen wurden dann 2.000 als infiziert getestet!!! Nun kommen die Endspiele wo sie nun 67.000 ferngesteuerte ohne Maske und Abstand ins Stadion lassen, und da frage ich mich wer da mehr vertrottelt ist, die Fußballfans oder die Regierung die sowas zulässt? Nun da beim glaube ich, vorletzten Match sogar England gewonnen hat, kann sich auch der blödeste vorstellen, was sich auf den Straßen von London und England abgespielt hat, nachdem tausende betrunkene Fans Party gefeiert haben, und da gab es sicher weder Masken noch Abstand, also ist auch der nächste Cluster eine Garantie, die Frage ist nur, wie viele hier sich noch angesteckt haben, aber es werden sicher genug sein. Denn zwischen betrunkenen, randalierden Fußballfans und religiösen fanatischen Islamisten, oder Kurden und Türken Demonstranten im 10., Bezirk, ist nicht viel Unterschied, bei Beiden ist es besser nicht zwischen die „Fronten" zu kommen.

Nun gibt es wieder mal Aufregung wegen einem Tennis Camp Wo man nun auch Kinder ab sechs Jahren testen lassen muß, bevor sie spielen können. Natürlich bringen sie dann, um die Stimmung noch etwas anzuheizen, ein paar Interviews mit Eltern und Kindern, weil sie ja nun so arm sind und sich testen lassen müssen! Nur wir haben ja lange dazu gebraucht, obwohl es mehrere Ärzte und Virologen vorher gesagt haben, daß auch Kinder sehr wohl jemanden anstecken können, auch wenn sie es selber nicht wissen, noch erkrankt sind. Nun wieso erhebt sich da überhaupt eine Diskussion, es ist egal ob ich von einem Kind angesteckt werde oder von einem Erwachsenen, es ist eventuell eine schwere Körperverletzung oder es kann sogar zum Tode führen, also brauche ich es auch nicht von Kindern infiziert zu werden, speziell wenn man von Kinder sicher nicht erwarten kann, daß sie Abstand halten, wenn es von dem verblödeten Volk nicht gemacht wird! Und bei Kindern funktioniert es noch weniger, sie in „Eigenverantwortung" zu lassen, wenn es bewiesen ist, die sechs Kategorien tun es auch nicht, und wie ein Kabarettist hat es einmal angesprochen hat: „Der Hausverstand ist beim Billa geblieben". Leider ist, wenn man den Virologen und Fachärzten glaubt, auch bei uns in absehbarer Zeit eine vierte Welle in Aussicht, also können wir uns wieder auf einiges gefasst machen, was da noch auf uns zukommen wird.

Nun wir haben Mitte Juli 2021, und wie es zu erwarten war, keine Hoffnung nicht wieder von „Covid 19" zu hören. Etliche Virologen, Doktoren und sogar Politiker sind sich einig, daß die Infektionen, speziell mit der „Delta Variante" wieder stark steigen werden, und eine vierte Welle bevor steht. Es würde mich nicht verwundern, denn nach Öffnung der Nachtclubs, Partys und Demonstrationen, war es, trotz der „3G" Regel zu erwarten gewesen, wenn jemand seinen „Hausverstand" nicht beim Billa gelassen hat. Von der vertrottelten Fußball EM gar nicht zu reden, wo sie mehr als 60.000

in die Stadion gelassen haben. Nun sperren, nachdem sie erst wieder seit kurzen aufgemacht haben, von Catalonien über Frankreich bis in die Niederlande und voraussichtlich auch in Österreich, alles wieder zu.

Was die Urlaubssaison wieder an Infektionen ins Land bringt, kann man eigentlich auch voraus sehen, und es war auch voraus zu sehen, also sicher keine große Überraschung für unsere Politiker und Minister, außer sie sind noch größere „Vollkoffer" als man annehmen kann. Zweifel an den letzten Entscheidungen von Politik und Gesetzgeber habe ich leider schon lange, denn diese Entscheidungen sind nicht nur für mich, sondern für viele die mal darüber nachdenken, sehr unverständlich und nicht nachvollziehbar, warum sie solche Entscheidungen treffen die eher keinen Sinn ergeben. Denn auch in England verstehe ich die Regeln eher nicht, denn wenn in „Silverstone" beim „Formel 1" Rennen über 160.000 Leute ohne Abstand und Maske zusammen sind, aber im Fahrerlager alle eine Maske tragen! Ich frage mich dann schon, wer ist besser kontrolliert, die im Fahrerlager oder die Zuseher? Also warum müssen die meiner Meinung nach, die besser und genauer kontrollierten Personen im Fahrerlager eine Maske tragen, aber das Publikum nicht?

6.Kapitel

Nachbarschaftsstreit!

Nun ich hätte nie gedacht, daß ich mit unseren Nachbarn eigentlich wahrscheinlich sofort beim „ATV Nachbarschaftsstreit" Fernsehen auftreten könnte, weil es nun mit unseren Nachbarn zu Streitereien eskalierte, die sogar Drohungen im Inhalt hatten, aber dazu muß ich bis nach 1983 zurück gehen, und nicht jetzt im Juli 2021 zum Erzählen anfangen, sonst kann man die Situation sicher nicht verstehen, wieso es jetzt, durch unseren Hund „Shiva" zu solchen Streit mit den Nachbarn kommen konnte. Eigentlich wollte ich in diesem Buch nicht so viel privater Natur berichten, aber da es ja auch über das Vorgehen bezüglich unserer fünf Häuser am Rolandsberg geht, und ich mich auch darüber beschweren will, und vor allem nicht zu verstehen ist, warum jetzt alle auf einmal einen Abrissbescheid bekommen haben, was schon vor „Shiva" für Unstimmigkeit und Beschuldigungen in meine Richtung sorgte.

Ich bin ja jetzt seit fast 40 Jahren „Wahlklosterneuburger" und von Wien weg gezogen, und durch Freunde von mir, wo ich, nachdem ich ja nur mehr am Segelboot lebte, eine Hauptmeldeadresse in Klosterneuburg hatte, da ich ja ohne Meldeadresse in Österreich, viele Probleme bekommen würde, was Pass, Kreditkarten, Konto und Waffenpass betraf. Da ich nun in der Rolandsberggasse gemeldet war, erfuhr ich, daß ein Haus ganz oben am Rolandsberg seit Jahren frei steht und zu mieten wäre. Nun nach Besichtigung des Hauses, relativ verfallen und alles zugewachsen, mit ca. 1,5 m hohen Brennnessel auf den vier Terrassen vor dem Haus und einem Hang der komplett mit Gebüsch und jungen Bäumen verwachsen war, begann ich mit der zu dieser Zeit noch lebenden Fr. Redermeier zu verhandeln. Es gab zwar eine eigene Quelle 300 m oben im Wald, aber nicht immer sehr ergiebig und also mal eventuell mit Wasser ein Problem. Im Haus selber gab es aber Strom sogar mit 380 Volt, aber es war viel zu renovieren nötig, also mal viel Arbeit und Geld zu investieren. Eigentlich sah alles am Grund aus wie in „Peter Rosseggers" Waldheimat und alle meine

101

Freunde waren sehr verwundert, daß der „Beyer" sich jetzt in einen Garten zurück ziehen will, es war doch ein sehr konträres leben zu meinem jetzigen.

Obwohl der sehr „rustikalen" Bedingungen und keiner Zufahrt, sondern nur über 176 Naturstufen zu erreichendem Haus, haben die Redermeiers dort oben, Sommer und Winter 26 Jahre lang gelebt und sogar ihre Tochter Uschi groß gezogen, für die heutige verwöhnte und verweichlichte Menschheit undenkbar. Nach relativ kurzer Verhandlung, ließ ich eine Nutzungsvereinbarung aufsetzen, wo ich für die Stromrechnung und Müllgebühren aufkommen muß, und mal auf ZEHN Jahre mit „EINEM" Schilling pro Jahr, daß Haus und Grundstück gemietet habe. Es war eine schöne und arbeitsreiche Zeit die ich dort oben verbrachte, und mit Hilfe von Freunden wurden die Terrassen gerodet und der ebenfalls der Hang wieder begehbar gemacht, und von allein waren im Frühling hunderte von Primel, Leberblümchen, Veilchen und allen möglichen Blumen zu sehen. Auch im Haus wurden die nötigen Sanierungsarbeiten gemacht, und ich verstand mich auch mit unseren Nachbarn Kurt und seiner Frau Elfi sehr gut, und seine Töchter, eine davon jetzt mit mir im Streit, Petra schnitt mit ihrer Schwester, mit der sie jetzt allerdings auch verfeindet ist, soweit ich weiß, gegen etwas Taschengeld meinen Rasen auf den Terrassen. Jedenfalls hatte ich jetzt eine „Hauptmeldeadresse" in meinem Haus am Rolandsberg und vorerst mal glücklich, nicht mehr meine Freunde für eine Meldedresse belästigen zu müssen.

Meine Wohnung in Wien wollte ich ja aufgeben, weil mir die „1.Österreichische Sparkasse" dazu zwang, ein Leben in Österreich aufgeben zu müssen und mein Leben im Ausland verbringen zu müssen und das wollte ich auf einem Segelboot tun. Aber diese Geschichte steht schon in meinem Buch „Zum Denken verurteilt" und will ich hier nicht wiederholen. Jedenfalls ließ ich, Rudi und Harry, ein paar „gute Freunde" einige Zeit im Haus wohnen, zum Dank haben sie mir mein ganzes Feuerholz verheizt und vom Dachboden alles was verwertbar war, am Flohmarkt verkauft. Egal wer solche „Freunde" hat, braucht keine Feinde mehr. Da ich zu dieser Zeit schon sehr viel mit

Motorbooten unterwegs war und selten in Österreich, begann das Interesse am Haus nachzulassen, und als ich es dann schaffte meine „S.Y.Key of life" aufzutreiben und den „Segelclub-Ankh" im Jahr 1984 zu gründen und mit meiner damaligen Freundin Gabriele ab 1985 am Boot zu leben, wurde das Haus fast nicht mehr benutzt denn meiner Mutter waren die 176 Naturstufen etwas zu mühsam und zu weit von Wien weg, also konnte die Fr. Redermeier ihr Haus wieder zurück haben.

Wer daran Interesse hat, wie es mit der „Key of life" angefangen hat, kann es in meinem Buch nachlesen:

„Beginn mit der „Key of life" Der Anfang mit Kauf der Segelyacht
1.Teil „Beginn der 1. Saison 1985 in Jugoslawien bis Malta 1986"
Paperback 240 Seiten davon 120 in Farbe
ISBN-13: 9783753420271 E- Book ISBN-13: 9783753412252
https://www.bod.de/buchshop/beginn-mit-der-key-of-life-erich-beyer-9783753420271

Nun in der Zwischenzeit vergingen sieben Jahre mit der „Key of life" und wir legten zwischen Lignano, Zadar und Malta über 22.000 Seemeilen zurück bis am 14. April 1990 etwa drei SM vor der Küste von Lignano ein Feuer an Bord ausbrach, was mich zum Verkauf zwang und ich wieder nach Österreich zurück kam. Nach ein paar freudlosen Jahren, habe ich mit meiner jetzigen Frau Gabriela die mir bei meinem Buch geholfen hat, mit dem Boot eines Freundes der „M.S.Y.Manuda" den Segelclub-Ankh wieder zum Leben erweckt und weiter geführt, wem es interessiert kann es ebenfalls nachlesen unter:

„Logbuchauszüge M.S.Y. Manuda von 1994 bis 1998" Paperback
420 Seiten, ISBN: 9783752644074 E- book ISBN-13: 9783752635355
https://www.bod.de/buchshop/logbuchauszuege-manuda-erich-beyer-9783752644074

Nachdem wir eigentlich auf eine Weltumsegelung mit der „Manuda" wollten, aber der Eigner Heino, eigentlich seine Frau Darija uns mit der „Manuda" nur für drei Jahre Zeit lassen wollten, was uns für eine Weltumsegelung zu kurz war, entschlossen wir uns in den USA zu heiraten und dort unsere „Key of life I" zu kaufen und herzurichten, und dann in der Karibik herum zu segeln, was wir auch lange machten, zwischen Florida und Venezuela, leider durch unglückliche Umstände kamen sehr wenig Gäste zu uns in die Karibik und wir dann unser Boot aufgeben mussten, da uns leider das Geld ausging und wir die „Key of life I" in „Petite Martinique" auf einer Muring hängen lassen mussten, wo sie leider am 3. Jänner 2021 abgerissen ist, weil wieder mal die „guten" Freunde die wir bezahlten, nicht auf die Seile aufgepasst haben, und unser Boot auf ein Riff trieb und innerhalb von einer Woche, komplett geplündert wurde und alles was zum Gebrauchen war abmontiert. Über dieses Abenteuer habe ich ebenfalls drei Teile in Büchern geschrieben, wer daran Interesse hat kann es aber auch im 4. Teil in einer Zusammenfassung lesen:

"Reiseberichte unter dem Key of life von 1999 bis 2020"
Paperback Version mit 328 Seiten, davon 69 Farbfotos mit der
ISBN: 9783752611618, E- book ISBN-13: 9783752634815
https://www.bod.de/buchshop/catalogsearch/result/?q=+Reiseberichte+u
nter+dem+Key+of+life

Jedenfalls sind wir ab 2009 wieder in Österreich und kommen immer nur für zwei Monate im Jahr aufs Boot und jedes Mal ist etwas kaputt und keiner unserer Freunde passt, obwohl wir dafür bezahlen, wirklich auf unser Boot auf, ich wohne in Klosterneuburg und Gabriela in Wien, aber uns Beiden geht es in Österreich nicht wirklich gut, und wir versuchen etwas aufzutreiben, wo wir uns zurück ziehen können, denn Wien und Österreich ist nicht mehr wirklich eine Heimat, nach solch einer langen Zeit am Segelboot, was ja jedem verständlich sein wird. Speziell für mich wurde es im wahrsten Sinne des Wortes, ein „Kulturschock" speziell in Wien wo ja meine Frau Gabriela wohnt, höre ich bei Neun von Zehn Leuten, kein einziges deutsches Wort mehr. Über diesen „Kulturschock" habe ich auch schon in meinen Buch geschrieben. Bereits 2009 im November war ich mit Gabriela am Rolandsberg und schauten uns das schon sehr im Verfall befindliche

Haus von 1983 an, wo wieder ein „Dschungel" gewachsen ist. Jedenfalls auf unserer Suche in den nächsten Jahren, finden wir nichts erschwingliches und Gabriela hat mit mir nochmal den Gedanken an mein früheres Haus am Rolandsberg, daß wir uns im Mai 2012 nochmals ansehen, nur das ist jetzt ärger als ich es 1983 übernommen hatte, es ist noch alles dichter zugewachsen und man sieht von fünf Meter Entfernung nicht mehr mal das Haus. Wer will kann sich die Fotos in meiner Webseite ansehen, wo der Ursprüngliche Zustand schön zu sehen ist, und auch was wir daraus gemacht haben:

http://www.ankh-refugium.com/Fotos2.html

Nun obwohl der Zustand des Hauses mehr als desolat ist, wer den Film „Hinterholz 8" gesehen hat, wird verstehen was ich meine. Jedenfalls ist Gabriela trotzdem begeistert und wir versuchen mal, ob Fr. Redermeier noch lebt und ich will mit ihr Kontakt aufnehmen. Ich finde heraus, daß sie noch immer im Haus unten lebt, aber teilweise im Spital ist und sonst eine „24 Stunden Hilfe" hat, die sie versorgt. Nun nach einer etwas längeren Suche, finde ich heraus, daß nun alles von ihrer Nichte „Alice" geerbt und verwaltet wird, denn ihre Tochter Uschi lebt leider nicht mehr. Jedenfalls kann ich mit Alice Kontakt aufnehmen und ihr verständlich machen, daß ich vorhabe, daß Haus wieder zu mieten, und frage ob ich die Schlüssel zum Haus haben kann um mir alles anzusehen. Jedenfalls erlaubt mir Alice auf das Grundstück zu gehen um mir alles anzusehen. Kurz darauf kann ich Alice sagen, daß ich keinen Schlüssel zum Haus mehr brauche, denn es gibt weder eine Tür noch einen Türstock mehr beim Eingang, geschweige denn ein Schloß in das man einen Schlüssel stecken könnte. Das Haus ist nun nur mehr eine Ruine, die Decke von der Küche ist durchgebrochen, aus dem Fußboden wachsen bereits Bäume raus und durch das Nebenzimmer kann man ins Freie sehen, aber nicht nur durch das Fenster, sondern durch die Mauer die ein großes Loch nach Rückwärts hat und das WC ist nach allen Seiten und zum Dach offen. Das einzige Zimmer, daß noch so halbwegs in Ordnung ist, war das Schlafzimmer, wo nur der Boden auf einer Seite etwas durchgebrochen war. Am Dachboden lagen „tonnenweise" an Dämmwolle herum und es sah aus wie wenn eine

Bombe explodiert ist. Also diesmal war es mehr als viel Arbeit und Geld, was man hier investieren müsste.

Nun wir wollten uns trotzdem auf dieses „Abenteuer" einlassen, und das Haus wieder renovieren, was aber von vielen unserer Freunde nicht verstanden wurde, und sie glaubten wir sind total verrückt geworden, und viele glaubten auch, daß es Gabriela nur machte weil ich es will, aber ich kann ehrlich sagen, Gabriela wollte es wirklich selber auch machen und nicht nur ich hatte diesen verrückten Gedanken diese „Ruine" wieder herzurichten. Ich setzte eine neue Nutzung Vereinbarung auf, aber diesmal mit einer Dauer von 20 Jahren, denn für 10 Jahre würde ich hier sicher nicht anfangen zu investieren und zu renovieren. Auch diesmal habe ich als Miete nur „1" (Einen) Euro pro Jahr eingetragen, also mal 20.-€ Miete für die nächsten 20 Jahre, die ich mir auch leisten konnte, die Miete für Zwanzig Jahre auf einmal zu bezahlen. Die Strom und Müllkosten kamen natürlich wieder extra dazu, was ja verständlich ist. Leider hat sich die Sache dann immer wieder verzögert, denn es musste ja auch Alice für die Unterzeichnung des Vertrages dabei sein, aber immer wenn ein Termin klappen sollte, kam Frau Redermeier für eine Zeit ins Spital und wir mussten den Termin wieder und wieder verschieben, was alle hinaus zögerte.

Wir gingen aber in der Zwischenzeit immer wieder auf den Berg zum Haus um sich alles anzusehen und die Schäden zu begutachten um eine Übersicht zu bekommen, was da an Kosten anfallen wird, und vor allem ob es überhaupt zu realisieren war. Wir wollten natürlich, wenn wir noch keinen Vertrag unterschrieben irgendwas am Grund oder Haus anfangen, umso überraschter waren wir, als wir irgendwann Anfang Juli 2012 gesehen haben, daß die untere und obere rechte Terrasse gerodet war, auch hatte jemand die Betonplatten vor der Frontseite des Hausfundamentes weggebrochen und hat sie auf der oberen Terrasse als eine Einfriedung für eine Feuerstelle aufgestellt und offensichtlich dort einen Teil der Bäume und Gebüsche verbrannt. Von dem Mal abgesehen, daß es natürlich auch in Klosterneuburg verboten ist, Grünschnitt und Bäume zu verbrennen, waren wir sehr verwundert über diese Aktion. Der Erste Gedanke war natürlich, daß nun Alice an jemand anderen vermietet hatte und wir riefen sie sofort an. Nun sie beteuerte uns, daß sie mit der Sache nichts zu tun hat und auch nicht weiß, wer das gemacht haben könnte. So konnte es natürlich nur unser Nachbar gewesen sein, der bis Dato noch nicht am Berg war als wir oben waren, ich wusste auch nicht ob es noch immer unsere alten Nachbarn waren, denn Kurt ist schon vor langer Zeit gestorben, daß hatte ich schon erfahren als ich mit der „Key of life" in Jugoslawien unterwegs war, ich glaube es starb bereits nachdem ich gerade drei oder vier Jahre weg war. Also hängte ich einen Zettel auf die Gartentüre der nicht zu übersehen war wenn man die Stufen rauf kam, mit meiner Telefonnummer und bat um einen Rückruf.

Als ein paar Tage später jemand Fremder anrief, glaubte ich im ersten Moment es ist mein alter Segler Freund Andre, weil er sich so anhörte und ein schönes Deutsch sprach! Nie hätte ich da gedacht, daß es „Sadri" ein türkischer Migrant ist! Nun nach kurzer Erklärung, was er gemacht hatte, und wer ich war, und daß ich das Haus schon 1983 gemietet hatte, hörte ich im Hintergrund eine Frauenstimme meinen Namen rufen, und es stellte sich heraus, es war Petra, eine Tochter von Kurt die nun das Haus übernommen hatte und am Telefon war ihr Freund. Eigentlich war ich sehr erfreut darüber, unsere alten Nachbarn zu haben, nur ohne rassistisch zu sein, es kann nur in der Türkei so Sitte sein, ganz einfach auf ein fremdes Grundstück zu gehen und sich dort auszubreiten, aber sicher ist es in Österreich nicht üblich, fremde Grundstücke ohne Einwilligung zu okkupieren und die Fundamente wegzubrechen, auch wenn das Haus schon fast eine Ruine ist. Jedenfalls habe ich Petra nun aufgeklärt und gesagt, daß ich das Haus wieder mieten will und hoffentlich bald die Nutzungsvereinbarung unterschrieben bekomme und bedankte mich sogar noch dafür, daß nun ein Teil gerodet war und man schon von der Gartentür zum Haus zu kommen, ohne durch die Gebüsche und Dornen kriechen zu müssen.

Nun am 30. Juli 2012 war es soweit, und wir konnten den Vertrag unterschreiben, es unterschrieben, da wir es ja auf unser Beider Namen machten, Gabriela und ich, dann noch Alice und die 24 Stunden Hilfe als Zeuge und natürlich noch Fr. Redermeier. Sie konnte sich nicht mehr wirklich an mich erinnern, war ja doch schon lange her, aber sie erklärte mir noch wo unsere Quelle oben im Wald war, wo früher zwischen den zwei Steinriegel jeweils eine Wiese war, am Weg zur Quelle rauf. Nur von einer Wiese die im Jahr 1983 noch war, ist nichts mehr zu sehen, es war nur mehr Wald und alles zugewachsen, aber das wusste Fr. Redermeier natürlich nicht, denn sie war ja schon seit vielen Jahren nicht mehr oben gewesen, und zwischendurch war es auch noch an jemanden vermietet gewesen, mit dem sie leider in einem großen Streit auseinander ging, und er dann bevor er ging, sehr viel Schaden am Haus absichtlich hinterlassen hatte, auf dem wir nur so nach und nach draufkamen. Beim Abgang hatte der Vormieter jedenfalls noch wie ein Vandale gewütet und seither war da Haus ja auch wieder an die 10 Jahre unbewohnt.

Da ich nicht gleich vom Anfang an ein schlechtes Nachbarschafts Verhältnis haben wollte, sagte ich deshalb auch nichts, als ich feststellte, daß hinter dem Haus wo Hr. Redermeier mal einen Wintergarten machen wollte und eine Terrasse ausgehoben hatte, daß von unserem Nachbarn, wie es wahrscheinlich auch nur in der Türkei üblich ist, die letzten 10 Jahre, der gesamte Mist und Grünschnitt hinter unserem Haus in die Grube geworfen wurde, leider lag nun der ganze Mist und Grünschnitt über einen Meter hoch bis an die Rückwand vom Haus, wodurch die Rückseite immer im feuchten war und keine Chance zum austrocknen hatte. Wir fanden von der Strumpfhose über alle Formen von Flaschen, sogar Betteinsätze und alles Mögliche an Sperrmüll, und viele zerbrochene Fliesen und Bauschutt die vom Hang von Petra zu uns rüber gefallen waren. Es war sicher nicht alles von unseren Nachbarn sonder sicher auch vom Vorgänger, nur der Grünschnitt, Äste usw. war sicher von ihnen zu uns entsorgt worden. Es war auf jeden Fall viel Arbeit die da auf uns wartete, und Freunde die uns besuchten, waren überzeugt davon, wir sind total verblödet und wir könnten es nie schaffen, diese Ruine wieder bewohnbar machen. Der Einzige der an diesem Projekt kein Problem sah, war Gabrielas Bruder Gerhard der sofort sagte: "Das geht schon wieder zum herrichten!"

Nun es war eigentlich ein gutes Verhältnis zu Petra, sie war ja jetzt schon älter geworden und hatte „Publizistik" studiert, man sagt zwar es ist das leichteste Studienfach, aber ich weiß darüber nicht so genau Bescheid, aber auf jeden Fall hat sie auch ihren Magister gemacht, und ist jetzt bei einer Firma sogar „Client Service Director" und sicher nicht hässlich zu nennen, aber jetzt wo unser Streit richtig anfing und ich „Sadri" wirklich kennen gelernt habe, frage ich mich wieso sie mit diesem „Menschen", der sicher noch immer seine „türkischen" Wurzeln im Vordergrund hat, und sie deshalb sicher auch so behandelt, jedenfalls was wir im Laufe der Jahre so beobachten und hören konnten. Denn wenn jemand lieber Golf spielen geht und seinen „Partner" als Frau den Rasen mähen lässt, oder selbst wenn der Partner erkrankt ist, ihn zu Hause lässt und alleine in den Urlaub fährt, lässt auf den Charakter eines Menschen einen Rückschluß ziehen. Aber das ist nur meine Meinung. Aber ich würde sicher nicht so handeln und meine Frau so behandeln, aber für Türken dürfte es so alltäglich sein. Und das sage ich hier nicht weil ich Rassistisch bin, sondern ich würde es auch zu jedem anderen sagen, auch wenn er kein Migrant ist, weil es eben unter zivilisierten ein normales menschliches und respektvolles zusammenleben wäre.

Jedenfalls fingen wir an unser „Projekt" zu renovieren, was sehr viel Arbeit wurde, aber unser anderer Nachbar Michael hat uns viele Maschinen geliehen und ich brauchte nicht extra diverse Sägen kaufen, vor allem war es ja schon am Berg. Vom Dachboden haben wir mehr als 23 Müllsäcke mit Dämmmaterial und Sperrmüll auf die Mülldeponie gebracht und ich bin mir jetzt nicht mehr so sicher, ob nicht die „Glaswolle" und „Mineralwolle" und der viele Schimmel daran schuld war, daß meine Frau drei Jahre später an Krebs erkrankte, obwohl wir bei den Räumaktionen meistens eine Gesichtsmaske trugen, aber doch nicht immer und am Anfang war der Schimmel ja überall, auch im Haus. Zwischendurch erfreute sich Gabriela auch am Garten, wo sie versuchte ein paar Gemüsebeete anzulegen, was sie etwas von unserer „bescheidenen" Lebenssituation ablenkte und ich durch die viele Arbeit am Haus auch nicht so viel an unser Boot in der Karibik dachte.

Nun den Umständen entsprechen ging es uns so halbwegs in Österreich „gut" mit etwas Streß beim AMS, für mich und natürlich auch für Gabriela. Daß es für mich mit über 60 Jahren sowieso keine Arbeit gab, geschweige denn als „Kapitän" eines Bootes, und Angebote vom AMS die vollkommen vertrottelt waren, wo man mir, weil ich ja früher mal mit dem Panzerwagen und Geldtransport tätig war, einen Job bei einem Sicherheitsdienst anboten, allerding war der in Tulln und es war sogar ein eigenes Auto dafür erforderlich. Nach meiner Anfrage beim AMS wie sie sich das vorstellen, daß jemand der seit 20 Jahren an der Armutsgrenze lebt, sich von der Notstandshilfe ein eigenes Auto leisten kann? Bekam ich als Antwort, es tut ihnen leid, aber die Vergabe macht ein Computer automatisch, und dieser dürfte nicht sehr viel nachdenken, wem er die Jobs verteilt. Meiner Frau ging es in Wien ähnlich, dort sendet sie das AMS zu Kursen, die für sie mehr als lächerlich waren, denn obwohl sie leider seit langer Zeit von den Computern und Programmen „entzogen" war, hatte sie von den Programmen mehr Ahnung als die Personen die dort als „Lehrer" ihre Vorträge hielten. Immerhin hatte sie früher mit ihrer Firma als zweite Firma in Österreich mit APPLE Computer an Layout Programmen schon Magazine und Zeitschriften hergestellt und für große Firmen die Druckvorbereitung gemacht, also diese Kurse für sie eher mehr als unnötig war, aber für das AMS als Statistik gut, um die Arbeitslosenquote zu „verfälschen"!

Warum ich an dem Haus so viel gearbeitet habe, um eine „Bleibe" zu bekommen, habe ich schon vor Jahren in meinen Büchern geschrieben, hier ein Auszug davon den ich gebracht habe, weil sie wieder mal in einer Reportage angesprochen haben, wo Leute mit wenig Wasser auskommen müssen:

Ich möchte wissen wie viele Leute dann verzweifeln würden, wenn sie wie ich, hier im Haus in Klosterneuburg am Berg leben müssten? Da ich weder ein Migrant, Flüchtling oder Asylant bin, habe ich, obwohl ich schon vor zig Jahren um eine Wohnung angesucht habe, bis Dato noch keine von der Gemeinde Klosterneuburg bekommen. Leider ist mein Haus auch nicht, wie es im Gesetzes Text so schön heißt: „Nicht erhaltungswürdig", da es im „Grüngürtel steht" weshalb ich auch kein Wasser bekomme. Da ich es aber vom Segelboot gewöhnt bin, sammle ich das Regenwasser und lasse es über zwei Filter laufen, davon ein Aktivkohlefilter und habe zum Duschen und Geschirrspüler genug fast reines Wasser. Nur das Trinkwasser muß ich auch mit meinen nun 70 Jahren im Rucksack immer zehn Liter (also mindesten 10 kg) die 260 Naturstufen rauf tragen. Ich frage mich, wieso sie dann eine Doku über jemanden machen der mit 20 Liter feinsten Trinkwasser auskommen muß?

Jedenfalls wurden wir dann Gabriela am 18.2. 2014 um eine Unterstützung ansuchte, was zwar jeder Migrant ohne Probleme bekommt, aber am 8.Juli 2014 von der „MA 40" abgelehnt wurde, nämlich mit der Begründung, daß wir angeblich in einem gemeinsamen Haushalt leben, was sicher nicht der Fall ist, wir haben seit dem wir vom Boot zurück sind, nicht nur zwei verschiedene Hauptwohnsitze, sondern auch immer getrennte Kassen und jeder verwaltet sein Geld für sich selber und wie er es für richtig hält, ich würde meiner Frau sicher nicht vorschreiben wie sie mit ihrem Geld umgehen soll, genau so würde ich es von ihr nicht wünschen, sich in meine Geldangelegenheiten einzumischen.

Das Beste aber war, wieder ohne da rassistisch zu sein, meine Frau hatte keine Chance einen Job zu bekommen, aber wenn ich da, nachdem ich sehr viel Email Verkehr mit der „MA40" hatte, dort bei den Beamten die dort arbeiteten von „neun" von „zehn" Namen in den Namen eine Endung mit „…sky" – „…itsch" oder „ützelbrütz" haben, also anscheinend mehr Migranten einen Job bekommen haben als gebürtige Österreicher! Nur wie gesagt, es hat mich nachdenklich gestimmt, sicher nicht weil ich ein Rassist bin! Jedenfalls, haben die Beamten von der „MA40" sehr viel Zeit, und da ich in meiner Email Adresse auch immer die Webseiten vom „Segelclub-Ankh" stehen haben, bekamen wir noch dazu eine Anzeige, wo wir angeben mussten, wie viel Geld wir mit unserem Segelboot „Key of life I" verdient haben. Die Beamten haben wahrscheinlich mehr in meiner Webseite gelesen als sonst wer, denn außer meinen Freunden und ehemaligen

Clubmitglieder wurde sie nicht sehr oft besucht, was ich ja in meiner Statistik sehen konnte. Nur obwohl sie uns mal anzeigten und eine Aufstellung unserer „Einkünfte" forderten, dürften sei nicht genau gelesen haben, denn es steht in der Webseite und meinen Berichten, daß wir seit Jahren darum kämpfen unser Boot überhaupt am „Leben", oder besser gesagt, über „Wasser" zu halten, was uns noch zusätzlich stark belastete, und wir wenn wir es überhaupt noch schafften, gerade für zwei Monate auf unser Boot nach „Petite Martinique" zu kommen.

Jedenfalls machten wir gegen diesen „Vorwurf" und Anzeige von der „MA40" einen Einspruch und es kam zu einer Verhandlung beim „VGW" (Verwaltungs Gerichtshof Wien) und es wurde von der Richterin, wo natürlich die ganzen Hintergründe von unser Beider Leben angesprochen wurden, und es obwohl es nicht zum Lachen war, trotzdem teilweise sehr lustig bei der Verhandlung, als die Richterin Gabriela fragte, wo ich nun eigentlich meine „Zahnbürste" habe? Worauf Gabriela sagte, ich brauche keine mehr, da ich schon meine „dritten" Zähne habe, was zur Belustigung aller im Gerichtssaal beitrug. Auch als ich mich eher künstlich aufregte, ob mir (uns) daß Gericht vorschreiben will, wie oft wir uns treffen, oder sogar wie oft ich mit meiner Frau „Schnackseln" darf? Wurde das sofort vom Gericht bestätigt, daß uns das in keinster Weiße vorgeschrieben wird. Jedenfalls wurde, nachdem vom VGW alle Angaben und Daten überprüft wurden, uns am 16. Dezember 2014 vom VGW bestätigt, daß wir getrennt Leben und keinen gemeinsamen Haushalt haben, und sie kamen zu dem Urteil:

„Es liegt sohin zweifelsfrei eine getrennte Haushaltsführung vor. Anlässlich der Einvernahme konnte sich da Verwaltungsgericht Wien auch davon überzeugen, daß die Beschwerdeführererin über keinerlei finanzielle Mittel aus sonstigem Einkommen und Vermögen verfügt"

Nun wir versuchten mit unseren beschränkten Geldmitteln so gut es ging weiterhin das Haus gemütlich bewohnbar zu gestalten, aber dann kam noch ein größerer Schaden extra dazu, wo wir glaubten das wäre das Ärgste was uns 2015 passieren konnte, es fiel die Außenmauer um und es lagen nun tonnenweise an Gesteinen am Weg und Zugang zu Ullis und Petras Garten. Wie das ganze aussah und damit man sah wie uns zumute war, kann man auch in der Webseite ansehen:

http://www.ankh-refugium.com/Fotos3.html

Jedenfalls half mir da Gabriela nach ganzen Kräften, denn jeden Sack Beton mussten wir mit einer Art „Tragbahre" die wir uns gebastelt haben, ja die 260 Stufen rauftragen, und zum anrühren des Betons mussten wir ja auch wieder ausreichend Regenwasser sammeln, auch wenn es fertiger „Trockenbeton" war, braucht man Wasser zum verarbeiten. Bei diesen Arbeiten kam es das erste Mal zu einer gröberen Auseinandersetzung mit dem türkischen Migranten Sadri, nämlich um nicht zu verzweifeln, habe ich mir den Radio auf das Fenster vom Dachboden gestellt, um wenigstens etwas Musik bei der Arbeit zu haben. Nun obwohl die Lautstärke, sicherlich gesetzlich jederzeit toleriert worden wäre, vor allem Nachmittags, denn mein kleiner Radio hat gar nicht die Wattleistung um wirklich die Nachbarschaft zu „bestrahlen", wollte ich unsere Nachbarn fragen, die wieder mal am Berg waren, ob die Musik stört, nur kam ich nicht mehr dazu. Was ich nicht wusste, hatte Sadri sich auf der Terrasse von Petra aufgehalten, die ja genau neben unserem Dach liegt, und bevor ich noch fragen konnte, hat er mich voll und cholerisch angeschrien, wie ich so laut Musik machen konnte, und ich soll sie sofort leiser drehen! Nun ich muß mich ja eigentlich nicht anschreien lassen, vor allem von jemanden der eigentlich am Berg keinerlei Rechte hat, und ich sagte ihm, daß ich gerade fragen wollte, ob es zu laut wäre, und ich ja nicht wusste, daß er genau daneben auf der Terrasse war, ich spioniere ja nicht aus ob Petra auf der Terrasse sitz oder nicht. Jedenfalls hat sein cholerischer Ausbruch sicher nicht zu einer guten Nachbarschaft, geschweige denn einer Freundschaft beigetragen. Nun ich möchte hier noch etwas von meinem früheren Buch einsetzen um zu zeigen, warum ich mit meiner Frau dann doch noch einen engeren Kontakt hatte, obwohl wir auch da weiterhin getrennt leben, diese Geschichte habe ich bereits 2019 in „Petite Martinique" am Boot aufgeschrieben:

Als dann, auch im Zuge der Renovierung unserer Trockenmauer, außen vor dem Grundstück, Ende Juni 2015 komplett umfiel, dachte ich eigentlich, daß es das Ärgste sei, was uns passieren konnte, so dachte ich jedenfalls. Wir schafften es sogar alleine, in dem wir täglich, in einer Art Tragbahre, die wir uns bastelten, einen Sack Trockenbeton oder Mörtel, mit 40 kg über unsere 250 Naturstufen hinauf zu tragen, Gabriela vorne und ich hinten, wegen dem Größenverhältnis. Eigentlich hatten wir keinerlei wirkliche gesundheitlich Probleme, bis auf daß ich eine Schleimbeutelentzündung am rechten Ellbogen bekam, der die Größe eines Golfballes bekam und ich mit „Topfenwickel“ am Abend behandelte, was aber nicht viel brachte, wenn ich wieder jeden Tag an der Mauer die Steine verlegte. Jedenfalls schafften wir es die Mauer wieder aufzustellen, und diesmal war es keine „Trockenmauer“ sondern eine teilweise nicht nur mit Mörtel, sondern mit „Faserbeton“ und Eisenarmierung gebaute Mauer, die hoffentlich die nächsten 20 Jahre hält.

Da Gabriela aber so eine Art von „Dauerschnupfen“ hatte, aber keinerlei Schmerzen oder sonstige Probleme, ging sie mal zum HNO zur Untersuchung, und von da an ging es wie ein „Hurrikan“ durch unser Leben. Nachdem im Oktober dann mit Röntgen und CT und eine Raumforderung in der rechten Kieferhöhle festgestellt wurde, kam relativ schnell, was die Dringlichkeit zeigte, eine Einweisung ins AKH da auch unser HNO so was selten gesehen hatte. Beim ersten Termin an einem Montag, war allerdings kein Team anwesend der diese Bilder hätte klären können, somit nochmaliger Besuch am Dienstag den 6.10.2015 wo sie dann Gabriela gleich für OP Vorbereitung, da behielten, und dann am Mittwoch den 7.10.2015 am nächsten Tag, eine Panendoskopie OP, wo dann Krebs, ein Adenoid Zystisches Karzinom in der rechten, Stirn, - Neben,- und Kieferhöhle, im 4 Stadium festgestellt wurde. Da der Tumor schon die Carotis Arterie (Hirnschlagader) zu 180° umschlang, und wenn diese abgedrückt worden wäre, kann sich auch der Laie vorstellen, daß die Überlebenschancen gleich null wären, oder man als „Vegie“ endet. Dadurch war eine OP zu riskant, und man kam im AKH zu dem Entschluß, Gabriela nach München ins RPTC zur Protonen

Therapie zu schicken, da es in Österreich zu dieser Zeit noch keine Möglichkeit gab, und das jetzige MEDAUSTRON noch im Bau war.

Das ich jetzt, hier am Boot in einem relativ guten Abstand von der Diagnose und über die folgende Therapie berichten kann, liegt vor allem daran, daß wir wieder am Boot sind, was damals nicht so sicher war, ob es jemals wieder der Fall sein kann, so wie die Diagnose am Anfang ausgesehen hat, und wir es jemals wieder auf unsere „Key of life I" schaffen werden. Da wurde auch der vorangegangene „Mauerfall" am Rolandsberg weit in den Hintergrund gedrängt und zu einem lächerlichen Klacks.

Nun es besteht kein Zweifel, auch wenn es mein Freund Gustav immer bestreitet, daß wir in Österreich eine „zwei Klassen" Gesundheitsversorgung haben, was sicher ein, der einmal in diesem System mit Behandlungen drinnen war, als ein „AXIOM"[11] bezeichnen kann. Obwohl das hier nicht ganz stimmt, weil es genug Beweis ist, wenn man entweder stundenlang in der Ambulanz sitzt, oder sich einen Wahlarzt leisten kann.

Nun eines möchte ich hier sicher betonen, wir sind dem AKH überaus dankbar, für die schnelle Entscheidung und Überweisung nach München, der wir sicher dann auch im RPTC mit der Protonenbestrahlung, Gabrielas Leben verdanken. Und ich bedanke mich auch bei unserem Gesundheitssystem und WGKK, die es trotzdem für diese Behandlung möglich gemacht hat. Aber leider sind dort auch ein paar negative Vorfälle im Zuge der Einweisung und Behandlung vorgefallen, die ich hier nicht verheimlichen will, vor allem wären sie nicht notwendig gewesen, und waren eigentlich verantwortungslos, einem schwerkranken Patienten gegenüber, ihn zu belügen und ihn „psychologisch" wie mit einem „Hammer" auf seine Krebserkrankung hinzuweisen. Ein wenig „Einfühlungsvermögen" sollte ein Arzt doch besitzen, vor allem wenn es um eine Krebsdiagnose geht!

---

[11]   Unmittelbar, einleuchtender Grundsatz, der sich nicht beweisen läßt, aber auch keines Beweises bedarf.

Am Mittwoch den 7.10.2015 abends, kam nach der Operation, nach Gabrielas Meinung, ein relativ junger Arzt bei ihrem Bett vorbei, und erzählte ihr fast „freudig, das sie was gefunden hatten" und bei ihr Krebs festgestellt haben. Leider weiß, weder Gabriela noch ich seinen Namen, aber es ist auch besser so, denn selbst jetzt überkommt mich die „Lust" mich bei ihm sehr unbeliebt zu machen, was sicher strafbar wäre. Nun man hätte ihr auch wie ich schon erwähnte, mit einem „Vorschlaghammer" die Diagnose ins Hirn meißeln können, ein Bauhilfsarbeiter hätte da vielleicht mehr Gefühl gezeigt. Nun so eine Diagnose kann sich wahrscheinlich niemand vorstellen, und man kann sie auch nicht wirklich beschreiben, dieses fast „unwirkliche Gefühl", daß sich da in einem ausbreitet, bedarf mehr als jemals ein Schriftsteller beschreiben könnte, geschweige denn, ich!

Nur, das Ärgste daran war, daß Gabriela mit ihren nun nicht gerade aufbauenden Gedanken im Bett im AKH lag, und ich diese Meldung im Haus am Rolandsberg, verarbeiten musste! Für Beide von uns, eine Situation die wir sicher leichter verarbeiten hätten können, wenn wir zusammen gewesen wären. Daß weder Gabriela noch ich, diese Nacht gut geschlafen haben, kann sich vielleicht doch jeder gut vorstellen. Jedenfalls kann hier, von einer psychologischen Betreuung keine Rede gewesen sein.

Anscheinend dürfte sie dort nur mit „Vollkoffer" zu tun haben, die ihnen auch alles glauben was sie ihnen erzählen, denn man ließ Gabriela, was ich noch verstehe, weil sie sie noch beobachten wollten, am Donnerstag noch nicht nach Hause gehen, und wir Beide durften die Krebs Nachricht weiterhin alleine verarbeiten, was immer noch nicht als „locker" zu bezeichnen wäre, mit welchen Gedanken man da zu kämpfen hat. Aber dann kam die Lüge von ihnen, auf die ich aber erst am Sonntagabend, nach meinen Recherchen aufdecken konnte. Sie musste nun im Spital bleiben, weil sie einen MRT Termin bekommen sollte, auf den sie warten musste, nur der kam am Freitag leider nicht mehr, und auf unsere weitere Anfrage, ob sie nun wenigsten am Wochenende nach Hause gehen konnte, kam die Lüge von den zuständigen Arzt, sie muß drinnen bleiben, denn sie kann einen Termin für das MRT am Samstag oder Sonntag bekommen, und somit „stand by" sein. Diese Lüge wurde uns aufgetischt, weil sie anscheinend somit ein Bett noch über das Wochenende belegt haben wollten, eine andere Erklärung habe ich nicht dafür. Wie ich dann nach etlichen Interviews und Recherchen mit anderen Ärzten und Oberschwestern herausfand, es gab am Wochenende gar kein MRT, denn da ist niemand da, der für ein MRT des Gesichtsfeldes zuständig und kompetent wäre.

Ich regte mich natürlich schon Sonntags Abend auf, aber da wurde ich natürlich, auf den zuständigen Arzt auf Montag verwiesen, also blieb unser Verlangen ungehört. Montag früh, um0800 wusste man dann auch noch nicht, wann ein MRT Termin frei ist, was mich fast zum „Durchdrehen" brachte, und ich sofort herum telefonierte, und ohne Probleme, bei der Urania um 1400 am Montag einen Termin für ein MRT bekam. Nun rief ich um 0900 wieder bei der Station im AKH an und sagte, daß ich für meine Frau einen Termin um 1400 bei der Urania organisiert habe, da sie nicht mehr warten will, bis im AKH endlich ein Termin frei wird, und wir nicht verstehen, daß sie uns angelogen haben, weil gar kein MRT am Wochenende im Betrieb war. Siehe da, auf einmal bekam Gabriela doch noch einen MRT Termin am Montagvormittag, und ich musste den Termin bei der Urania wieder absagen. Was an solchen Aktionen von einem Spital zu halten ist, und warum sie so agieren, kann ich nicht nachvollziehen, aber sicher ist es nicht angebracht, so was einem Krebs Patienten anzutun.

Übrigens, bei der mündlichen Besprechung im AKH, wo wir dann alles weitere erfahren haben, eben das es sich um einen Krebs mit „T4" handelt, also im 4 Stadium und außerdem noch „M1" was noch ein Metastieren bedeutet, was noch schlechter ist. War uns danach auch nicht gerade zum „Jubeln" zumute. Was aber Gabriela bis Dato noch in schrecklicher Erinnerung geblieben ist, und in ihr Gedächtnis eingebrannt hat, war die Aussage vom doch größten und modernsten Spital dem AKH, die sagten: „Wir können hier leider nichts mehr für sie tun"

Es begann nun der Kampf um die richtige Therapie, wo wir dann um ein sogenanntes E112 Formular bei der WGKK ansuchen mussten, damit die Therapie in München im RPTC auch bezahlt wird, die aber, Dank eines Schreibens an die WGKK von Fr. Dr. Elisabeth

Enzenhofer, ohne Probleme auch genehmigt und bezahlt wurde, für das wir wie schon, und ich kann es nicht oft genug sagen, wirklich von Herzen dankbar sind.

Zum Glück, hat uns dann die Differentialdiagnose und Besprechung am 19. November 2015 im RPTC bei einer Voruntersuchung im München, mit Fr.Univ. Prof. Dr. Bachtiary sehr feinfühlend darüber aufgeklärt, das sie nicht verstehe, warum dieser Doktor überhaupt auf „M1" gekommen ist, es gebe zum Glück keinerlei Anzeichen für Metastasen, und diese Krebsart macht zum Glück, normalerweise keine Metastasen, das war aber auch schon das einzige Positive daran. Denn trotzdem war die vorhergesagte Chance den „Ungustl" zu besiegen, „nur" 50:50 also mussten wir dabei sehr positiv denken, um den Kampf gegen ihn anzusagen, aber das hatten wir sicher vor und ich wusste, daß ich Gabriela mit all mir zur Verfügung stehender Kraft, dabei unterstützen würde, obwohl mir innerlich zum „"Heulen" zumute war, da ich ja nur machtlos neben ihr sein konnte, aber es ihr sicher nicht zeigen durfte, wie mir eigentlich zumute war. Wie ich dann aus vielen Berichten später erfahren habe, daß die nahen Angehörigen, mit dem Krebs schwerer zu kämpfen haben, als diejenigen die ihn eigentlich haben.

Bevor wir überhaupt, mit der bevorstehende Protonen Bestrahlung Behandlung anfangen konnten, ging Gabriela nicht nur durch den Psychischen Streß, sondern auch noch durch Physischen Schmerz, ihre ganzen „Zahnbrücken" die uns sehr weh taten, sie überhaupt bezahlen zu können, was uns alles andere als leicht fiel, denn an der Armutsgrenze und Notstandsempfänger kann man sich die nur mit größten Entbehrungen überhaupt leisten. Nun aber musste sie alles radikal entfernen lassen, und alles Metall musste aus den Mundhöhlen raus, da es für die Protonenbestrahlung störend ist. Was nicht nur in der Geldbörse, sondern auch so nochmals sehr weh tat.

Mit Hilfe vom Internet, schaffte ich es dann, nicht ganz ohne Probleme, endlich in München, am Stadtrand ein Untermietzimmer zu finden, daß mit dem Auto in knapp einer halben Stunde, vom RPTC, wenn nicht zu viel Verkehr ist, zu erreichen war. Mit 500.-€ im Monat ist es für München sogar günstig, und der Vermieter Franz, ein ehemaliger „Waldviertler" war sehr symphatisch, und ließ am Wochenende ohne mehr bezahlen zu müssen, sogar Gabriela bei mir schlafen, somit konnten wir dann zusammen sein. Das Gästehaus, daß genau gegenüber dem RPTC war, ist zwar für Begleitpersonen eingerichtet, aber mit 85.- € pro Nacht, im Doppelzimmer, zwar mit Vollpension, konnte ich mir das nicht leisten. Dadurch das uns die Schwägerin Renate ihren Honda Jazz lieh, konnte ich jeden Tag zu Gabriela fahren, und mit ihr zwischen der Therapie zusammen sein, und spazieren gehen und den Tag verbringen, was ihr (uns) sehr über die doch nicht leichte Zeit geholfen hat.

Am 27. November 2015 ging es mit der Protonenbestrahlung an, und Gabriela bekam 33 Bestrahlungen die auch über die Weihnachtsfeiertage und Sylvester gingen, denn die Bestrahlung darf nicht länger, als zwei Tage unterbrochen werden, somit ging es sechs Tage die Woche in den Gantry, zur Bestrahlung. Die Technik war faszinierend, man kann sich da mal in der Webseite vom RPTC rein lesen, wie die Strahlen mit 60% an die Lichtgeschwindigkeit reichend zu dem acht Meter im Durchmesser und 160 Tonnen schweren Gantry geschickt werden. Sie bekam eine Gesichtsmaske angepasst, damit sie sich nicht einen Millimeter bewegen konnte und musste dazu noch einen „Zungenkeil" im Mund halten, damit diese nicht bei der Bestrahlung zu sehr „verbrannt" wird, und das Ganze noch in einem für sie angepassten Vakuumbett eingebettet. Obwohl die ganze Dauer der Bestrahlung nur zwei Minuten dauerte, war es für sie doch anstrengend, denn wenn es möglich war, sollte sie die zwei Minuten NICHT schlucken, was gar nicht so leicht fällt, vor allem bei dieser Aufregung und einem Keil im Mund. Dann war die Vorbereitung dazu, eine sehr lange und genaue Prozedur, wo dann der Protonenstrahl, wie bei einen „Tintenstrahldrucker" auf den Millimeter genau auf den Tumor gerichtet wurde, der in einem Computerprogramm eingerichtet wurde.

Die Belastung hielt sich in Grenzen, und es sah nach ein paar Tagen „nur" so aus, ob sie rechts im Gesicht einen Sonnenbrand hatte. Sie war allerdings eine „vorzeige Patientin" nicht nur weil sie doch auch Angst hatte, da wir ja wussten, was alles passieren konnte, und sie machte alles notwendige, wie mehrmals Spülungen der Nase, und Mundhöhle mit speziellen Ölen zu behandeln, die wir aber teilweise selber bezahlen mussten, da es die Krankenkasse nicht bezahlt. Vorbeugend nahm sie regelmäßig Medikamente gegen die Entzündungen, da ja die Schleimhäute nun total angegriffen und empfindlich waren. So gesehen, schaffte es Gabriela wirklich gut und hatte Glück, das der Verlauf so gut ging. Bei einer anderen Patientin mit derselben Dosierung, musste man 10 Tage früher abbrechen, da sich in der Wange die Haut schon auflöste, und bei einem Mann wurde der Sehnerv beleidigt, was fast zur Erblindung führte. Diese Gefahren bestanden ja bei Gabriela auch, da die Strahlen ja auch nah am Sehnerv vorbei gingen. Durch die Bestrahlung, wurde Gabrielas rechtes Ohr etwas „beleidigt" und wir mussten in München zum HNO der dann Entzündungen feststellte, die wahrscheinlich durch austrocknen bei Bestrahlung entstanden sind. Die Medikamente waren natürlich alle in Deutschland zu bezahlen, trotz E-Card!

Aber ich brauchte den HNO leider auch, denn warum ich rechts einen „Speicheldrüsenstein" bekam, ist mir auch unklar, ich wusste nicht mal, daß es so was gibt. Angeblich kann es auch Streß auslösen, was mich dann nicht sehr wundern würde. Es wirkte sich dann so aus, da der „Stein" verhinderte, daß der Speichel in die Mundhöhle abfließen kann, schwoll dann meine Wange wie eine „Hamsterbacke" an, wenn ich auch nur ans Essen dachte, beim Essen selber waren die Schmerzen dann oft so, daß man sich „anpinkeln" könnte. Ich bekam natürlich auch Medikamente die ich selber in Deutschland bezahlen, musste, denn da galt meine „Rezeptgebührenbefreiung" natürlich nicht, und ich musste privat bezahlen.

Jedenfalls bekamen wir dann am 24. Dezember 2015, das schönste Weihnachtsgeschenk, das man sich in unserer Situation vorstellen kann, der Tumor war kleiner geworden, so daß man ein neues Computerprogramm schreiben musste, da ja die Strahlen, je nach dem wo sie vorher durch gingen, unterschiedlich „gebremst" werden, je nachdem, ob es Haut oder gar Knochen sind. Da jetzt, wo vorher der Tumor war, nur mehr Luft war, die Strahlen zu stark waren, wurde nach einem neuerlichen MRT der Platz neu berechnet, was uns natürlich sehr freute. Obwohl man trotzdem an der Zunge an einer Seite schon deutliche „Verbrennungen" sah, wo ein kleines Stück, weggebrannt war, aber zum Glück nicht stark schmerzte, und der „Sonnenbrand" an der rechten Wange nicht zu übersehen war, aber beim Essen hatte sie natürlich je länger die Behandlung war, schon Probleme mit Beißen und Schlucken. Da waren dann noch, die wir schon als „kleine" Nebenwirkungen betrachten mussten, denn Gabriela kämpfte ja doch 50:50 um ihr Leben, etwas Schwerhörigkeit am rechten Ohr, und Verlust vom Geschmack,- und Geruchsinn, das vor der Weihnachtszeit noch mehr „schmerzte", vor allem, da mein Vermieter Franz, jede Menge Weihnachtsbäckerei machte, und Gabriela, daß Süße gar nicht mehr schmeckte.

Als der Gantry einmal kaputt wurde, da war die „Hölle" los, und es wurden sogar Techniker von den USA eingeflogen, daß ja kein Stillstand länger als zwei Tage zustande kommen konnte. Und dann kamen auch für uns, laut Aussage der Ärzte die wichtigsten letzte drei Tage, wo dann der Tumor, endgültig vernichtet sein sollte, und am 11. Jänner 2016 waren wir mit der Therapie durch, und so wie es aussah, war es soweit man es jetzt schon sagen konnte, erfolgreich und der „Ungustl" vorerst besiegt. Aber erst nach fünf Jahren kann man dann wirklich sagen, ob es nicht ein Rezidiv geben kann. Am Anfang musste Gabriela alle drei Monate ein MRT mit Kontrastmittel machen lassen, die Nachsorge wurde teilweise vom MEDAUSTRON übernommen, aber dort ging dann die nette Fr. Dr. Lütgendorf-Caucig, die sogar mit Fr.Dr.Prof. Bachtiary bekannt war, in Karenz Urlaub, und somit war wieder niemand so richtig für Gabriela zuständig, aber die wichtigsten Aussagen über die MRT und Untersuchungen, kommen immer noch vom RPTC in München, da im AKH eigentlich keiner so wirklich über Gabrielas Zustand Bescheid weiß, und um nach Monaten endlich mal zu einer Aussage zu kommen, mussten wir einen Wahlarzt konsultieren, der mal gleich feststellte, daß die letzten Bilder vom PET CT mit radioaktiven Kontrastmittel, im AKH gemacht auf das wir drei Wochen warten mussten, und ja immer auch eine Belastung für den Körper ist, total unscharf und unbrauchbar waren. Er sorgte zwar sofort am nächsten Tag für einen neuen Termin im „Diagnosezentrum Favoriten" wo neue Bilder, diesmal Gute gemacht wurden, aber er hat für zwei mal

10 Minuten Gespräch je 150.-€ genommen, wo ihr von der WGKK dann jeweils 11.- € zurück erstattet wurden, wahrscheinlich gibt es nicht mehr, weil Österreich das Geld für die Flüchtlinge braucht.

Immer wieder war man erstaunt, daß es Gabriela, trotz der widersprüchlichen MRT Bilder, eigentlich gut geht, und nicht mal, die auch nette Chefärztin Fr. Dr. Marosi, von der Onkologie im AKH konnte eine Aussage dazu machen, da wie in den Befunden immer deutlich zu lesen ist, man hat keine vergleichbaren Bilder zu ihrem Krebs, denn anscheinenden hat es bis Dato, noch keine Frau gegeben, die ein Adenoid Zystisches Karzinom in Stirn, -Kiefer.- und Nebenhöhle, auf einmal hatte. Es kam zwar am rechten Auge bei Gabriela durch die Bestrahlung verursacht, ein eher schnell wachsender Katerakt (grauer Star) als Nebenfolge dazu, der aber mal durch eine OP und einer neuen Linse, wieder korrigiert wurde und sie nun am rechten Auge besser sieht als am Linken. Uns ist es jedenfalls egal, auch wenn keiner von den Ärzten weiß was bei ihr da wirklich los ist, wie es in den Befunden unter anderem dann so beschrieben wird, wenn sie eigentlich nicht wissen um was es bei ihr geht:
„Es liegen keine Vergleichsuntersuchungen derselben Modalität vor."

Aber solange es ihr soweit gut geht, und wir es wieder auf unser Boot geschafft haben, sind wir glücklich und hoffen, daß es so bleibt.

Nach der letzten Aussage vom RPTC in München, braucht sie das nächste MRT erst Ende des Jahres 2019 machen, also wir sind soweit zufrieden, daß wir die 50:50 Chance einstweilen auf die Gewinner Seite geschafft haben, und hoffen, daß es auch so bleibt, und für das sind wir dankbar.

Nach all den Behandlungen im RPTC hatte Gabriela noch 2016 mit schweren Divertikel einen 14 tägigen Spitalsaufenthalt in Tulln, wo es ihr auch alles andere als gut ging, und nachdem ich dann im März nach einer CT mit Kontrastmittel, die Bilder meiner rechten Nebenhöhle, die genau so ähnlich aussahen, wie die von Gabriela, kann man sich vielleicht vorstellen, daß ich einen „leichten braunen Strich" in der Unterhose bekam. Nach Wahlarzt, mit Diagnose von eventuell einen „Aspergillus" der auch nicht sehr lustig ist, kam bei mir eine OP mit Septumdeviation, wo es dann zum Glück „nur" Polypen waren. 2018 kamen dann noch meine Beiden Augen mit OP und Katerakt (grauer Star) an die Reihe, wo es dann beim linken Auge Probleme gab, und ich 14 Tage gar nichts mehr außer helle Flecken, sah, und ich eine zweite OP bekam, wo aber jetzt soweit alles ok ist.

Vielleicht ist es aber dem Leser mehr verständlich, warum ich es immer wieder angesprochen habe, das es nicht so wichtig ist, wie lange man lebt, sondern wie man dazwischen gelebt hat. Ich bin doch stolz darauf, ein Leben mit sehr wenig Geld, gelebt zu haben, daß mir (uns) einen Einblick in andere Länder und Kulturen ermöglicht hat, und es mir dadurch auch zusteht, über die 90% der „Fünf Kategorien" der anderen ein Urteil abzugeben, denn ich glaube, daß wir unser Leben auch wirklich gelebt haben, und zwar so wie wir es wollten und wie es uns Freude machte. Denn wie ich ja schon anmerkte, ich verstand nie, wie jemand in eine Arbeit gehen konnte, die ihm keinerlei Spaß macht, und das nur wegen des Geldes wegen, seine Lebenszeit vergeudet.

Gabrielas Krebs, gaben uns sicher eine andere Lebenseinstellung und eine andere Betrachtungsweise über das Leben an sich, und wir erwarten uns keinerlei Mitleid, denn wenn ich mir so den Rest ansehe, wie die ihr Leben meiner Meinung nach vergeuden oder sagen wir besser „verleben" dann muß ich eher Mitleid mit jenen haben. Denn da erhebt sich die ehrliche Frage, mit wem soll man den wirklich Mitleid und Mitgefühl haben? Ich kann doch nicht wirklich der Meinung sein, das irgendjemanden unser Leben, oder der Krebs von Gabriela ernsthaft interessiert, außer vielleicht unserer wirklichen Freunden oder Verwandten! Aber sicher nicht, irgendjemanden in Tschetschenien, Indien oder Pakistan, genau so wenig wie es mich interessiert, wenn dort ein Sack Reis umfällt. Also wenn ich glaube, daß es ernsthaft irgendwo jemanden wirklich interessiert, ob jetzt ich oder Gabriela den „Löffel" abgeben, dann muß ich wirklich sehr bescheuert sein, also warum soll es mich interessieren?

Meiner Meinung nach, glaube ich auch nicht daran, daß es all die Gutmenschen und NGO's wirklich interessiert wies denen wirklich geht, oder glauben die wirklich, daß es umgekehrt der Fall ist? Ich kann mir nur vorstellen, daß sie es tun um ihr Gewissen zu beruhigen, oder daß sie vielleicht mal in den Himmel kommen, wenn sie an so was glauben.

Ich erhoffe mir mit diesen Buch sicher nicht, daß mich jemand versteht, oder wirklich darüber nachdenkt, aber ich habe mir meinen Frust über die mich umgebende „Menschheit" von der Seele geschrieben, und wenn ich Glück habe, und wirklich ein paar von den „Fünf Kategorien" Österreicher mein Buch gelesen haben, was ich sowieso stark bezweifle, und ich dann vielleicht in Ihren Augen zum unbeliebtesten Buchautor gewählt wurde, und mich die dann alle hassen, dann habe ich mein Ziel ja erreicht, und beim Rest der Leute und ihrer Meinung, und wie mich die interessiert, da sind wir wieder beim Sack Reis, obwohl es für viele vielleicht doch Interessant ist, ob es Milch oder Curry Reis war!

In diesem Sinne, kein „rassistischer" sondern egoistischer, nicht am Leben vorbei gegangener Autor Erich Beyer

Petite Martinique/Grenada auf der "S.Y. Key of life I" am 25. Februar 2019

Übrigens habe ich diese Geschichte eingeflochten, nur um es etwas verständlicher zu machen, warum ich nach diesen Aktionen mit Gabriela öfters zusammen war und wir uns gegenseitig unterstützten, denn beim späteren Streit mit unseren Nachbarn, hat uns Petra vorgeworfen, daß wir in einem gemeinsamen Haushalt leben, was aber nach wie vor nicht wahr ist, und wir weiterhin getrennte Kassen haben. Aber nur Leute wie Petra die selbst Hunde hassen und es von ihren Partner gewohnt sind, nicht unterstützt zu werden, können zu solchen Ansichten und Beschuldigungen kommen.

Jedenfalls waren an sich keine Probleme zwischen uns, bis im Juli 2017 unsere Freundin Riki zu Besuch war, und wir sogar noch darüber redeten, daß unser Verhältnis zu den Nachbarn gut war, weil uns Riki erzählte, wenn sie in Floridsdorf am Abend im Garten saß und etwas lauter geredet wird, sich ihr Nachbar sofort aufregt weil es ihm zu laut war. Nun was ein paar Stunden später passierte, kann ich fast nicht mehr nachvollziehen, denn als um 1715 Gabriela mit Riki auf unseren Balkon hinter dem Haus waren und Gabriela von dort den Ausblick auf den „Ölberg" erklärte und dabei Beide über die West Seite, wo die Terrasse von Petra ist, schauten und darüber redeten was die Grundstücke dort am „Ölberg" kosten und ich oben auf der Waldterrasse mit dem Fotoapparat war, um ein paar Aufnahmen von Riki und Gabriela zu machen, war es wieder mal soweit. Der türkische Migrant Sadri, schrie Gabriela und Riki wieder cholerisch voll an, wieso sie sich unterhalten können und ihn auf der Terrasse aufwecken, wo er anscheinend um 1720 geschlafen hat. Nun bei aller Freundschaft, aber von einen türkischen Migranten lasse ich sicher nicht meine Frau und unseren Gast anschreien, weil niemand damit rechnen konnte, daß „Sadri" dort sein „Schläfchen" hält, und schon gar nicht lasse ich zu, daß er ihnen das Reden verbietet. Ich habe alles von der oberen Terrasse mitbekommen, und im ersten Moment habe ich das Ganze für einen Scherz gehalten, aber dann sah ich an seinem cholerischen Ausbruch, daß es ihm ernst war, vor allem konnte man es an seinen Gesichtsausdruck sehen, denn ich sofort auf einen Foto festhielt und deshalb auch so genau das Datum und Zeit wusste. Diesmal habe ich aber von oben Sadri meine Meinung gesagt, und habe ihn gefragt ob sie ihm ins Hirn geschissen haben, um so auf meine Frau loszugehen? Wie jemand so verrückt und cholerisch reagieren kann ist mir bis Dato noch unerklärlich, aber es dürfte an seinen türkischen Wurzeln liegen, jedenfalls wenn sich Petra solche „Ausbrüche" von ihm gefallen lässt ist ihre Sache, aber ich lasse es sicher nicht zu von jemanden der am Berg keine Rechte hat und als Gast in Österreich aufgenommen wurde, daß er meine Frau und Freundin so behandelt.

In Frühjahr 2018 schafften wir es wieder für zwei Monate auf unser Boot „Key of life I" nach „Petite Martinique" zu kommen, aber leider ging das auch nicht ohne Streß ab, den aber Gabriela nach der ganzen Krebsaktion ja vermeiden sollte, da uns wieder wer ins Boot gekracht ist und auch sonst viel Schaden war, weil unsere „Freunde" die wir für die Aufsicht unseres Bootes bezahlten, wie schon früher, natürlich nichts gemacht hatten. In Österreich war soweit mit der

Nachbarschaft noch alles ok, und ich versuchte auch am Wochenende gar nicht am Berg zu sein, damit Petra ihre Ruhe haben konnte und ich sie nicht störte. Umgekehrt war das eher weniger der Fall, denn Petra und auch Ulli mähten auch am Samstag und Sonntag ihren Rasen, wo ich aber nie etwas sagte, obwohl es in Klosterneuburg am Wochenende sicher in den Siedlungen verboten ist. Ich erwähne das nur, zu den späteren Vorwürfen gegen mich wegen „Rücksicht" nehmen!

Gabriela hatte ja schon seit 2016 und auch noch 2018 relativ viele Probleme mit Schlafstörung und ich versuchte so gut wie möglich für sie da zu sein, da sie auch relativ oft Nasenbluten hatte, trug es nicht viel dazu bei nicht immer wieder an ihren Krebs erinnert zu werden. Ich habe sogar versucht am Berg für Gabriela medizinischen Marihuana anzubauen (ohne THC) von dem sie sich immer einen Tee machte, leider half der auch nicht viel und sie war psychisch immer fertig, auch wenn sie nur etwas Kopfschmerzen auf der rechten Seite des Kopfes hatte, weil sie es immer sofort mit ihrem Krebs assoziierte. Nicht mal die „Dronabinol" Tropfen halfen wirklich gegen ihre Schlafstörungen, und sie nahm sie gar nicht gerne, weil sie glaubte, daß sie dann Dinge öfters vergisst, was als Nebenwirkung nicht so unwahrscheinlich war.

Es kamen dann auch noch Operation von mir mit „grauen Star" dazu, wobei beim zweiten Auge nach der Operation bei mir noch dazu ein Problem auftrat, wo ich dann nur einen „Elefanten" gegen die Sonne sehen konnte und Augendruck von 42 hatte, um die 12 ist sonst normal. Also musste ich nochmals operiert werden, wo mich natürlich Gabriela so gut wie möglich unterstütze und somit waren wir öfters zusammen und natürlich als Gabriela ihre Operation mit grauen Star hatte, ich wiederum ihr überall half, was jeden verständlich sein wird, auch wenn man nicht im gemeinsamen Haushalt lebt, daß man seinen Partner unterstützt. Wir waren sogar noch mit Ulli Essen als dann im Oktober 2018 ein Baum vom hinter unseren Grund liegenden Wald über den Zaun fiel, zum Glück hielt sich niemand auf der Waldterrasse auf. Für mich war es selbstverständlich, daß ich sofort bei der Gemeinde und Forstverwaltung anrief um diesen Vorfall anzuzeigen, was wahrscheinlich jeder normale Grundstückbesitzer auch gemacht hätte, in diesem Fall ich als Nutzer, denn Alice, die jetzt als Nichte, das Erbe von Fr. Redermeier angetreten hatte interessierte das eher wenig.

Die Forstverwaltung reagierte relativ schnell, und am 27. November hatten wir eine „Begehung" wo die Forstverwaltung sich die Lage hinter unseren Grund angesehen hat und schon da feststellte, daß viele Bäume gefährlich und Morsch sind und auf unseren Grund fallen könnten. Allerdings meinten sie auch gleich, da wir keinerlei Rechte hätten, da alle Häuser ohne Baugenehmigung gebaut sind und sie somit eigentlich keinerlei Verpflichtung hätten was zu tun. Nun ich habe ihnen erklärt, daß ich hier sogar Hauptgemeldet bin und nach den Unterlagen, dieses Haus sehr wohl eine Berechtigung habe und auch in den Plänen existiert. Sie nahmen das zur Kenntnis, nur als ich Ulli und Petra erzählte, daß die Forstverwaltung hier war, waren sie nicht erfreut darüber, denn sie gingen nach dem Motto, daß wir uns hier am Berg sehr ruhig verhalten sollen, und nur keine „Wellen" machen und ja nicht auffallen, und sie waren jetzt eher schon böse auf mich, weil ich es gewagt habe, mich bei der Gemeinde zu beschweren. Sie hatten Angst, daß sie so wie Michael mein Nachbar auf der anderen Seite, ebenfalls einen Abrissbescheid zu bekommen, da sie anscheinend wirklich keine Baubewilligung haben. Jedenfalls trieb das schon einen Keil in unsere „Freundschaft"!

Als wir im März nach zwei Monaten wieder am Boot zurück kommen, bekomme ich am 28. März 2019 von der Forstverwaltung ein Schreiben, daß ich sehr wohl anerkannt werde und unser Haus ein Recht hat hier zu sein, denn ich bekomme nun die Berechtigung, alle Bäume die hinter unserem Grund im Wald stehen und eine Gefahr für unser Grundstück darstellen, zu fällen, aber mit dem Zusatz, **auf meine eigene Kosten,** also war meine Intervention bei der Gemeinde doch erfolgreich gewesen. Nun leider kam dann am 28. Mai 2019 auch ein Brief von der Gemeinde wo wir zu einer Bauverhandlung am 4. Juli 2019 am Grundstück sein sollten, natürlich bekam auch Alice dieses Schreiben und sie sollte auch am Berg sein. Nun kam es wahrscheinlich zum endgültigen Bruch unserer „Freundschaft" mit Petra und Ulli, denn sie gaben natürlich mir die Schuld, daß nun diese Bauverhandlung nur gekommen ist, weil ich mich wegen dem Baum beschwert habe. Warum Ulli mir das anhängen will ist mir noch mehr unklar, denn sie hat mir und Gabriela schon vor Jahren gesagt, daß alle 10 Jahre die Gemeinde nachsehen kommt, und daß ein „Damokles Schwert" über unsere Häuser am Berg hängt, aber nun gibt sie mir die Schuld. Nun wer weiß schon was in so einem Gehirn einer Hausmeisterin vorgeht? Sie hat mich schon vor einiger Zeit belogen, als wir versuchten von Christoph, der Neffe von Ulli der das Grundstück unterhalb von Ulli hat, wobei eigentlich Ulli gar nicht der Besitzer ist, sondern ihr Bruder, von dort von seiner Wasserleitung, Wasser zu uns mit dem Schlauch rauf zu holen um unsere Tanks zu füllen.

Bereits da kam es zu einem Bruch zwischen Ulli und mir, denn ich lasse mich nicht gerne belügen, denn sie sagte mir, daß die Wasserabnahme bei Christoph reguliert sein und er nur eine begrenzte Wassermenge nehmen darf und deshalb er uns kein Wasser geben kann, auch wenn wir es natürlich bezahlt hätten. Ich bezweifelte diese Angabe und sie sagte mir, es hat ihnen ihr Rechtsanwalt gesagt, was ich noch weniger glaubte, denn wie sagte schon „Shakespeare" vor langer Zeit: „Hängt alle Rechtsanwälte" Jedenfalls, da ich weder einem Anwalt, geschweige denn einer Hausmeisterin glaube, habe ich mich mal mit dem Wasserwerk von Klosterneuburg in Verbindung gesetzt. Da ich nie mit „Schmidls" sondern immer mit dem „Schmid" verhandle, war ich in kurzer Zeit nachdem ich von eine paar untergeordneten Beamten, die nicht über die Situation Bescheid wussten, die Sache weiterleiten wollen, beim obersten Chef vom Wasserwerk der mich nach einem Tag auch wirklich zurück rief und ich eine lange Unterhaltung hatte. Unter anderem ging es ja auch darum, eventuell auch bei mir oben einen Wasseranschluß zu bekommen. Nun seine Erklärung war relativ plausibel, wir stehen im „Grüngürtel" und unser Haus ist, wie es so schön heißt, „nicht erhaltungswürdig" also werden wir auch kein Wasser bekommen. Nun die Unterhaltung war sehr aufschlussreich und eigentlich war er sehr freundlich, und als ich ihm fragte, wenn ich über Beschwerdeführung und der Gemeinde und Bürgermeister alle Möglichkeiten für mein Ansuchen ausnütze, sagte er mir leider, daß ich am Ende wieder bei ihm landen würde, und er müsste es dann auch wieder ablehnen, also es wäre nutzlos es zu versuchen.

Was aber erfreulich war, ich erfuhr mehr als ich erwartet hätte, denn als Erstes sagte er mir, daß der Anschluß ein ganz normaler offizieller Wasseranschluß war und von dem Wasserwerk in Klosterneuburg gewartet wird, wie jedes andere und es in keinster Hinsicht eine Beschränkung auf die Wassermenge gebe, die entnommen wird, und wir ohne Probleme unsere Tanks füllen könnten, wenn uns Christoph Wasser geben würde. Nun ich erfuhr sogar noch mehr, denn er sagte mir auch noch, daß der Vormieter vom Christoph, anscheinend denn zu dieser Zeit, (ca. 1960) leitenden Ingenieur vom Wasserwerk gekannt haben dürfte, und dadurch den Wasseranschluß bekommen hat, denn er sagte mir auch deutlich und verständlich, wenn jetzt Christoph auf diesem Grundstück um einen Anschluß ansuchen würde, er genau so wenig einen bekommen würde wie ich oben am Berg, denn auch sein Haus liegt im „Grüngürtel" und er würde von ihm abgelehnt werden! Nachdem ich das nun Ulli gesagt habe und ihr natürlich auch sagte, daß sie mich mit ihrem Rechtsanwalt belogen hat, war es mit der „Freundschaft" sowieso vorbei und wir begrenzten es nur mehr auf das „Grüßen" beim vorbei gehen. Aber anscheinend, da sich jetzt Petra und Ulli einig waren und mich als „Feind" ansahen nun gegen mich verschworen hatten, bekam nun Petra doch Wasser von Christoph um sich einen großen Tank zu füllen, ich war natürlich von dieser „Versorgung" ausgeschlossen worden, weil ich es ja gewagt hatte eine Anzeige bei der Forstverwaltung zu machen.

Nun Gabriela wünschte sich einen Hund, den sie für sich als so eine Art von Therapiehund wollte, denn sie wollte Gewicht abnehmen und sich von ihrer (unserer) Situation mit Boot und Unstimmigkeiten am Berg etwas ablenken, und dazu waren doch die erforderlichen Spaziergänge mit einem Hund, sicher förderlich, denn da muß man raus und kann leichter seinen „inneren Schweinehund" überwinden. Nach etwas suchen im Internet fanden wir im Tierheim Krems eine süße Weiß-beige Hündin, sie wurde mit drei Monaten in Herzogenburg als Streunerin aufgefunden und war nun schon drei Monate im Tierheim.

Nach einem Besuch in Krems, wo uns Isabella, die Betreuerin von „Fedita" wie sie dort genannte wurde, bekannt machte, sie war wahrscheinlich ein Mischling zwischen einem ungarischen Hirtenhund „Mudi" und einem „Terrier" und war gechipt aber unter den Angaben konnte niemand mehr erreicht werden, könnten auch schon falsch angegeben worden sein. Nun obwohl schon ein paar ältere Männer um sie bemüht waren und sie genommen hätten, hatte sie keinen akzeptiert und nur verbellt. Nun bei mir hatte ich bei der ersten Begrüßung nur die Hand hingehalten und sie hat auch sofort ein „Leckerli" genommen und von Anfang an war sie zu mir und Gabriela zutraulich und wir konnten schon beim nächsten Besuch mit ihr alleine einen Spaziergang machen.

Nun bereits bei dritten Besuch hat sie sich so gefreut wenn sie mich sah, so daß sie sich vor Freude „anpinkelte" und die anderen Betreuerinnen gar nicht glaubten, daß wir erst das dritte Mal mit „Fedita" Kontakt hatten. Jedenfalls hat sie es geschafft, daß wir sie vom ersten Tag an in unser Herz geschlossen haben, und wir sie natürlich unbedingt aus dem Tierheim befreien wollten, denn mit Heimen hatte ich in meiner Jugend ja genug Erfahrung gemacht, was in meinem Buch nachzulesen ist. Nun da Gabriela ja in Wien die Wohnung hat, das Tierheim aber nur an jemanden mit Garten vergeben wollte, blieb mir nichts anderes übrig als daß ich „Fedita" nehmen musste. Aber da ja auch Gabriela in der Nutzungsvereinbarung im Haus eingetragen war und mit unterschrieben hatte, war es an sich kein Problem und nachdem Isabella mit „Fedita" bei uns auf Besuch war und sich Haus und Garten angesehen hatte, stand einer „Adoption" von „Shiva" wie sie nun heißen sollte, nichts mehr im Wege, die Kosten für „Shiva" wollten wir uns teilen, wenn es notwendig wird und einer alleine damit Probleme mit seinem Geld bekommt. Das wir unseren Hund nun „Shiva" nannten, der indische Gott für „Zerstörung", war vielleicht kein guter Gedanke, obwohl er auch gleichzeitig als Gott der „Schöpfung" gilt. Nun nach bezahlen von 250.- € und einer vertraglichen Zustimmung, daß wir „Shiva" so schnell als möglich sterilisieren lassen, wurde uns Anfang Juli 2019 „Shiva" als unser Hund übergeben.

Leider zeigte es sich schon am Anfang am Berg, da „Shiva" natürlich, wie jeder Hund es machen würde, sein Grundstück verteidigt und eben bellte wenn jemand die Stufen rauf kam und vor unserem Grundstück vorbei ging. Leider war da auch schon zu bemerken, da Petra ja Angst vor Hunden hat, daß sie etwas unstimmig war, wenn Shiva bellte, wenn sie bemerkte wenn sich jemand am Nachbargrundstück aufhielt. Die Stimmung war ja, weil ich ja beschuldigt wurde, die Baubehörde auf uns aufmerksam machte, eher etwas „frostig" am Berg. Jedenfalls für Gabriela war Shiva sicher eine Bereicherung und sie ging sehr oft mit ihr Spazieren, was sie sicher nicht ohne Hund gemacht hätte. Leider war weder von Petra noch von dem türkischen Migranten ein Verständnis für Hunde zu erwarten, aber was will man von solchen Nachbarn mit einer negativen Einstellung gegenüber Hunden und uns schon erwarten?

Aber wie sagte schon „Alphonse de Lamartine":

„Man hat nicht ein Herz für Menschen und eines für Tiere. Man hat ein einziges Herz oder gar keins."

Jedenfalls nahmen ich (wir) meistens Rücksicht auf Petra und versuchten am Wochenende gar nicht am Berg zu sein, und ich Gabriela in Wien besuchte, damit Petra nicht gestört wird und unserem Hund sein bellen „ertragen" muß, obwohl auch da sicher von unseren Nachbarn nicht darauf Rücksicht genommen wurde, und sie weiterhin am Wochenende Rasen mähten, wir aber dazu nie was sagten, egal ob es Ulli, Petra oder Christoph waren. Geschweige denn wenn dann unten Kinderpartys gefeiert wurden, wodurch natürlich „Shiva" auch bellen musste, wenn da von weiter unten Lärm rauf kam, den sie nicht gewöhnt war.

Ich hatte ja den Hund nur genommen, weil uns Günther der Cousin von Gabriela und seine Lebensgefährtin Marianne die in „Spitz an der Donau" lebten, uns versprachen Shiva für zwei Monate aufzunehmen wenn wir wieder aufs Boot nach „Petite Martinique" fahren, nur fehlte da auch Günther der richtige Umgang mit Shiva, er kam immer von vorne und oben zu Shiva und wollte ihr auf den Kopf greifen in der Meinung, sie muß das eben können und zulassen. Nur Shiva hat so leicht zu niemanden vertrauen, geschweige denn zu großen Männern. Alles was ich jetzt mit Shiva machen kann, hat lange gebraucht bis sie mir und Gabriela wirklich vertraute. Weil sie dann bei einem „Heurigen" Besuch nicht ruhig unter dem Tisch lag und sich aufregte wenn wer vorbei ging, kam dann die Meldung von Marianne: „Wir haben den falschen Hund" obwohl wir mit ihnen vorher in Krems im Tierheim waren wo sie Shiva schon kennen gelernt hatten, nun aber wollten sie Shiva die zwei Monate nicht mehr für uns aufnehmen, also hatten wir ein weiteres Problem, das auf uns zukam. Im November kamen mal Kosten von 400.- € auf mich zu, denn wir mussten ja Shiva sterilisieren lassen, wo dann die OP Narbe sich mit Flüssigkeit füllte, die wir vom Tierarzt absaugen ließen, wo ich Shiva festgehalten habe und dabei mehr gelitten habe und mehr geschwitzt habe als man sich vorstellen kann, so leid hat sie mir getan. Zum Glück war es nichts Ernstes und Shiva hat alles gut überstanden und musste einen Mieder tragen, damit sie nicht dauernd herum schleckte, was sie aber nicht hinderte, trotzdem eine Naht weg zu beißen, zum Glück aber die „Wunde" schon verheilt war.

Da ja im Herbst und Winter fast außer mir, niemand mehr auf dem Berg war, gab es da ja keine Probleme, und wenn niemand in der Nähe war, hatte Shiva auch keinen Grund zum bellen, sie musste ja nichts „verteidigen". Nur wenn unten in der Rolandsberggasse mal Hunde bellten, musste sie natürlich antworten, oder wenn es ein Rabe wagte sich auf die Terrasse zu setzen, musste der auch angebellt und verjagt werden. Zu Silvester hatte Shiva aber doch viel Angst, denn selbst am Berg waren die Böller und Feuerwerk noch sehr stark zu hören. Somit hat sich Shiva in die letzte Ecke vom Schlafzimmer verkrochen wo sie sich zusammen gekauert hat. Nun war unser Problem jemanden für Shiva zu finden, denn am 17. Jänner 2020 war ja bereits unser Flug nach Grenada gebucht, wir wollten ja für zwei Monate wieder auf unserer „Key of life I" kommen. Nun nach zig Telefonaten gab es zwar Hundesitter in der Nähe von Klosterneuburg, nur alle nahmen für einen Tag knapp an die 40.- € pro Tag, war für mich fast nicht vorstellbar, denn da bekomme ich ja schon überall ein ganzes Zimmer für den Urlaub für zwei Personen. Es dauerte sehr lange, bis ich knapp vor unseren Abflug zum Glück in „Feinfeld" in der Nähe meiner Geburtsstadt Horn, für 10.- € pro Tag einen Platz für die zwei Monate für Shiva bekam. Kurz vor unseren Abflug bringen wir Shiva nach „Feinfeld" und obwohl alle gesagt haben, wir sollen ja nicht zurück schauen, haben wir nachdem ich Shiva in das große Freigehege gebracht habe, mich mit Gabriela umgedreht wo aber Shiva auf den Hinterpfoten Stehend uns nachgesehen hat, ich werde diese „Gestik" und Blick nie vergessen, selbst am Boot in „Petite Martinique" verfolgte mich dieses Bild noch immer und uns „blutete" das Herz, das wir unsere Shiva in Österreich zurück lassen mussten.

Die zwei Monate am Boot waren nicht gerade eine reine Erholung, außer daß es wärmer als in Österreich war. Uns ist ein Fischerboot, die „Ocean Royel" in die STB Seite gekracht und hat uns das „Schanzkleid" auf der STB Seite total aus dem Beton ausgebrochen und da sollten die „Gutmenschen" und NGO's mal sehen was Ausländer für Rechte in Grenada haben, nämlich KEINE. Die „Ocean Royel" hatte natürlich keine Versicherung, und trotzdem ich Rechtsanwalt und alle Minister und Polizei in Grenada beschäftigt habe, gab es keinen Schadenersatz für uns. Als Draufgabe, fuhr uns dann auch noch die „Hero II" am Valentinstag ebenfalls voll in die STB Seite, und natürlich gab es da auch kein Geld, noch wurde der Kapitän oder Eigner belangt! Das zu den Rechten als Ausländer, nicht so wie in Österreich, wo Migranten mehr Rechte als wir selber haben. Zu den Gedanken wie es unserer Shiva in Österreich geht, wo wir leider nur wenig Informationen aus „Feinfeld" bekamen, weil die nicht sehr viel per Email machten, sondern wie alle „fünf Kategorien" alle mit „Whats app" arbeiteten, was ich mir sicher nicht aufs Handy runter lade, nur weil es jetzt alle „Ferngesteuerten" machen. Wem es interessiert wie man als Fahrtensegler in Grenada behandelt wird und keinerlei Chancen für einen Schadenersatz hat, kann es in meinem Buch nachlesen:

https://www.bod.de/buchshop/unter-dem-key-of-life-3-teil-erich-beyer-9783746016283

Ich hatte zwar genug Zeit an meinem neuen Buch, „Mit jeder APP wirst mehr zum Depp" am Boot zu arbeiten, hier der link:

<https://www.bod.de/buchshop/mit-jeder-app-wirst-mehr-zum-depp-erich-beyer-9783751956161>

Nur bekamen wir eine Horrormeldung nach der anderen aus Österreich und vom Rest der Welt wegen „Corona" und wir waren uns nicht sicher, wie wir noch nach Österreich zurück fliegen konnten, denn wegen dem „Covid 19" wurden schon alle Flüge von Italien nach Grenada gestrichen und man musste in Barbados bereits in Quarantäne wenn man von Italien kam. Mit gemischten Gefühlen waren wir am Freitag den 13. März 2020 am Flughafen von Grenada, wo außer uns 600 Studenten waren die nach Miami zurück fliegen mussten, wobei da sicher nicht mal 50 davon einen „Mund, Nasenschutz" trugen. Als Hohn wurde uns noch bei der Zwischenlandung in Barbados bei der Ankunft Fieber gemessen und dann standen wir mit 250 Leuten in dichter Schlange beim „Seckier ich dich Point"! In Frankfurt am 14. März 2020 waren bereits jeden Menge Flüge gestrichen, aber wir kamen noch gut zurück nach Wien, wo wir noch einen Cafe am Flughafen trinken konnten, bevor ab 1500 dann alle Cafés und Restaurants in Österreich schließen mussten.

Am Sonntag den 15. März 2020 trafen wir uns noch im Restaurant in Scheiblingstein wo wir unsere Shiva wieder zurück bekommen haben, es war das letzte Mal bevor dann der „Lockdown" verhängt wurde und alles geschlossen wurde. Für uns war es an sich kein großes Problem, wir haben am Berg ja sowieso eine Art „Zwangsquarantäne" und ich versuchte mit Gabriela die Situation so gut wie möglich zu meistern, und wir sahen uns natürlich dadurch auch öfters, obwohl ja Gabriela in Wien wohnte, fühlte sie sich am Berg wesentlich sicherer vor „Corona" und konnte somit Kontakte mit fremden Personen vermeiden, denn ihr Immunsystem ist ja durch den Krebs ja nicht gerade gestärkt worden. Leider konnte durch die Situation mit Corona kein Cafetratsch mit unseren Nachbarn wie es früher der Fall war gemacht werden, so konnte sich Shiva auch nicht an

Petra gewöhnen und sie hatte ja sowieso noch immer unbegründete Angst vor ihr, die durch Shivas bellen, die wahrscheinlich die Abneigung gegen Hunde von Petra spüren konnte. Aber wie sagt man denn so schön:

„*Solange Menschen denken, dass Tiere nicht fühlen, müssen Tiere fühlen, dass Menschen nicht denken.*"

Jedenfalls hatte der türkische Migrant Sadri, was ich mehrmals beobachtet habe, als sie vor unserem Grundstück vorbei gingen und Shiva durch den Zaun bellte, was auch jeder Hund machen würde und seinen „Grund" verteidigt, fürchterlich erschreckt indem er mit starker Gestik und wild fuchtelnden Armen auf Shiva losging, was natürlich sicher nicht zum beruhigen von Shiva beitrug, und sich hinter dem Zaun noch fürchterlicher aufregte, aber was kann man von einer „türkischen" Denkweise den anderes erwarten? Da nun Petras Grundstück etwas tiefer liegt und sie wenn sie bei unserer oberen westlichen Terrasse vorbei gingen, fast in Augenhöhe mit Shiva waren, die natürlich wieder bellte, wobei ich sah, wie Sadri neben Petra mit einer Plastikwasserflasche Shiva anspritzte, was wieder nicht zu einer Beruhigung beitrug und natürlich Beide noch mehr fürchterlich anbellte.

Nun zum Glück, bin ich mit meinen nun 70 Jahren doch ruhiger geworden, aber ich kann mir vorstellen, daß es Hundebesitzer geben würde, die dann dem türkischen Migranten gerne die Hände gebrochen oder eine aufs Maul gehaut hätte, denn auf einen fremden Hund so loszugehen ist sicher nicht richtig, noch erlaubt. Aber nur ein engstirniger mit türkischer Denkweise Sadri, kann sich so was ausdenken und glauben damit das Vertrauen eines Hundes zu erzwingen! Das Petra dabei stand und dazu noch lachte wie sich Shiva noch mehr aufregte, zeigt das die Frau „Magister" anscheinend zu lange mit dem „Türken" zusammen ist und die türkische Lebensweise angenommen hat, die ja nicht gerade vorteilhaft für ein Hundeleben sein dürfte.

Leider gab es von Alice unserer nun Vermieterin keine Antwort oder Lösung für Probleme am Grundstück als ich sie anschrieb:

Klosterneuburg 27.4.2020

Hallo Alice!

Leider muß ich dir sagen, daß die Mauer zu Michael rüber, auf der linken oberen Terrasse stark desolat geworden ist und die Steine raus brechen, (siehe Foto) und sie vielleicht mal ganz runter brechen könnte! Bis jetzt habe ich ja alles selber repariert und auch alles Material bezahlt, obwohl es ja nicht mir (uns) gehört sondern alles mal dir gehören wird, immerhin habe ich bis Dato an die 15.000 € in das Haus gesteckt aber jetzt weiß ich nicht mehr was ich tun soll. Da ich ja heuer 70 werde und Probleme mit Rücken und Schulter habe, sehe ich keine Chance es hier selber wieder her zu stellen, und ich kann mir sicher keine Firma leisten, da ja nichts mir gehört, will ich hier sicher nicht noch weiter Geld investieren, ich denke 15.000 € in etwas zu stecken das nicht mir gehört, war ja doch sehr fair in den letzten Jahren, von der Arbeitszeit möchte ich hier nicht reden, da es uns ja so lange ich es körperlich noch schaffen konnte, auch Spaß gemacht hat, und wir trotz aller widrigen Umstände, ohne Wasser usw. sehr gerne hier oben sind. Aber da du der Besitzer bist, würde ich gerne einen Vorschlag von dir hören, was wir machen sollen?

Ich hoffe du verstehst meine Situation, viele virtuelle Bussi vom Berg, Dein E&G&S

Mit ein paar gesundheitlichen Dämpfern im Juni, wo ich nach kurzen „Springbildern" eine Attacke bekam, wo meine Hände zuckten wie bei einem Epileptischen Anfall, der aber nach drei Minuten vorbei war und ich den Waldspaziergang ohne Probleme fertig gehen konnte. Im Spital in Tulln stellte man nichts Besonderes fest, aber es könnte eine „TIA" gewesen sein, so was wie ein leichter Schlaganfall, was mich nicht sehr beruhigte. Somit musste ich mal Blutverdünner nehmen, was mich auch etwas psychisch fertig machte, denn bis Dato war ich stolz mit meinen 70 Jahren ohne Tabletten ausgekommen zu sein. Nun durch „Covid 19" war Gabriela sehr oft mit Shiva spazieren und hatte wirklich mit ihrem „Therapiehund" schon viele Kilogramm abgenommen. Als ich dann im August 2020 wieder eine „TIA" (Transitorische Ischämie Attacke) hatte, war ich froh daß Gabriela beim Waldspaziergang dabei war, also wir uns Beide immer durch diese Situation mit der „Corona" Krise unterstützen konnten. Leider kam bei allen Untersuchungen bei mir nichts raus, weder beim MRT, CT, EKG, Blutbefunden noch EEG konnte man etwas feststellen, alle Untersuchungen verliefen zum Glück negativ, aber nicht sehr beruhigend für mich, immer im Hinterkopf zu haben eine weitere „TIA" zu bekommen, und so war auch ich froh mit Gabriela, obwohl sie ja in Wien die Wohnung und Haushalt hat, oft zusammen zu sein.

Mit mehr oder weniger „Unmut" unserer Nachbarn, wenn Shiva bellte, verging der Sommer, aber was nicht immer zu vermeiden war, denn wenn unten Hunde bellten musste Shiva natürlich Antworten, und der laute Lärm der unten von der Baustelle auf der Kierlingerstraße bis zu uns rauf kam, regte Shiva natürlich auch noch zum Bellen an, sowie wenn die Kinder unten lärmten, die ja nicht nur von Christoph sondern auch von ganz unten noch gut zu hören waren. Jedenfalls kam es zu keiner Annäherung mit unseren Nachbarn und Shiva, aber wenigsten kam für mich ein Lichtblick, endlich nach 70 Jahren betteln, was kein Migrant oder Flüchtling machen muß, bekam ich im Oktober meine

ERSTE Gemeindewohnung in Klosterneuburg. Über diese Situation, daß jeder Migrant, Asylant oder Flüchtling schneller eine Wohnung bekommt, habe ich schon in früheren Büchern ausführlich geschrieben. Jedenfalls brauchen die weder einen Einkommensnachweis, den sie ja gar nicht bringen können oder brauchen, weil ihnen ja der Staat die Miete bezahlt, noch brauchen sie ein Leumundszeugnis, denn sonst könnten ja keine vorbestraften Afghanen vom Staat eine Wohnung bekommen. Dann denke ich, daß die auch kein Rauchverbot in ihrer Wohnung haben, was ich aber im Mietvertrag stehen habe, noch denke ich, daß die alle so viel Geld gehabt haben um eine Kaution hinterlegen zu können.

Nun jedenfalls erleichtert es mir die Lage im Haus nun doch, erstens wenn der Winter hart wird, brauche ich jetzt nicht mehr die 270 Naturstufen rauf zu gehen, wenn sie voll Schnee oder Eis sind, was es mit meinen nun 70 Jahren ja von Jahr zu Jahr nicht leichter macht. Außerdem kann ich mir jetzt das Trinkwasser, das ich ja immer noch mit Kanister für mich auf den Berg tragen muß, (denn ich sammle zwar Regenwasser und lasse es für Geschirrspüler, Dusche usw. über einen Aktivkohlefilter laufen, aber es ist sicher nicht zum trinken) jetzt aus der Wohnung holen und brauche nicht dafür jedes Mal zu meiner Frau nach Wien fahren um Wasser zu holen. Nur nebenbei bemerkt, wenn Migranten, Asylanten oder Flüchtlinge in Österreich so untergebracht würden, wo sie ihr eigenes Wasser sammeln und aufbereiten müssten wie ich es seit acht Jahren machen muß, würden wahrscheinlich alle „Gutmenschen" und NGO's sofort auf die Barrikaden für diese armen Menschen gehen, aber einen gebürtigen Österreicher kann man so schon „leben" lassen, damit hat man kein Problem, er hat ja doch weniger Rechte in seinem eigenen Land! Natürlich sorgte die liebe Beamtin Frau. P., über die ich die Wohnung bekam, das es keine Probleme im Haus gab und Shiva auch in dieser Wohnung erlaubt war, und außerdem war sie auch ebenerdig, so daß ich, wenn ich älter bin ohne Probleme und viel Stufen, in meine Wohnung kommen würde. Obwohl ich für die 42 m² relativ viel Zins bezahlen musste, was für mich mit meiner mindest Rente sehr „schmerzhaft" war, musste ich diese Wohnung nehmen, denn erstens, auf was soll ich warten, und zweites sie war gerade 10 Minuten zu Fuß vom Haus weg, also besser konnte es nicht werden.

Meine Freude am Leben wurde allerding im Dezember 2020 bereits wieder gedämpft, denn Alice und alle anderen am Berg bekamen den „Abrissbescheid" für die Häuser, was natürlich nun alle noch mehr gegen mich aufbrachte, denn sie gaben natürlich mir die Schuld daran, weil ich mich an die Forstverwaltung gewendet habe, was natürlich Unsinn und weit hergeholt war, denn Michael mein anderer Nachbar hatte ja nun schon in der letzten gerichtlichen Instanz in St. Pölten seine Berufung verloren und den Abrissbescheid schon lange, und sie waren auf alle Häuser schon lange „scharf" um uns da am Berg weg zu bekommen. Warum angeblich alle Häuser keine Baugenehmigung haben ist mir unklar, genaues weiß ich leider nicht, bei Ulli, wo ja der Besitz eigentlich ihren Bruder gehört und nicht ihr, soweit ich das weiß und sie ja dann eigentlich überhaupt keine Rechte am Berg hat, verstehe ich es überhaupt nicht, da ja ihr Vater angeblich, Richter oder Staatsanwalt war, warum der nicht dafür sorgte, daß da die Rechte am Grundstück auch eingetragen wurden. Beim Vater von Petra ist es mir auch nicht klar, und warum sie und nicht ihre Schwester das Haus nun hat, weiß ich auch nicht, ist mir aber, um ehrlich gesagt, auch wurscht. Nur da ich jetzt ihren wahren Charakter kennengelernt habe, kann ich es mir vorstellen warum nicht ihre Schwester das Haus bekam.

Nur bei unserem Haus von der Fr. Redermeier verstehe ich es überhaupt nicht, auch wenn angeblich die Baugenehmigung bei der Baubehörde „verloren" ging, gibt es jede Menge Dokumente und Belege, daß bereits 1958 relativ viel Geld bezahlt wurde, und auch bestätigt ist wo im Dokument steht: *„DAS SONSTIG BEBAUTE GRUNDSTÜCK"* und auch Angaben über die Kubikmeter vom Haus eingezeichnet sind! Wie dann behauptet werden kann, es gibt keine Baugenehmigung, wenn für das Haus aber bezahlt wurde? Auch habe ich einen Grundstückplan, wo das Haus von der Fr. Redermeier als einziges am Berg eingezeichnet ist. Somit wollte ich natürlich alle Schritte ausnützen und wenn geht auch damit an die Öffentlichkeit und sogar zum Bürgeranwalt, obwohl mir der bis Dato bei meinen Sachen noch nicht sehr viel helfen konnte, und ich habe es natürlich Alice gesagt, daß ich für das Haus kämpfen will, vor allem da ich ja nicht nur viel Geld, sondern noch mehr an Arbeitszeit und von meiner Gesundheit geopfert habe und ich wollte natürlich auch Einsicht in den Abrissbescheid und eine Kopie davon erhalten. Ich habe mal Alice angeschrieben:

Am So., 6. Dez. 2020 um 10:24 Uhr schrieb Erich Beyer <<u>beyer.erich@gmail.com</u>>:

Hallo Alice!

Du wirst ja sowieso sofort einen Einspruch machen, denn sie können ja nicht in den Fünfziger Jahren Geld nehmen für das Haus, wo ja Rechnungen vorhanden sind, und dann sagen es ist illegal! Also sicher lächerlich, was die da vor Weihnachten machen und sogar eine große Frechheit! Bitte sende mir eine Kopie des Abbruchbescheides und ich werde mal etwas Wirbel in diversen Medien machen, ist vor Weihnachten sicher ein super Sache für die, mich aus dem Haus vertreiben zu wollen, denn was wir hier an Arbeit rein gesteckt haben, ist nicht zu bezahlen, also wird das sicher noch "lustig" werden. Bitte sende mir so schnell wie möglich den Bescheid zu, damit ich was unternehmen kann, Petra hat sich noch nicht gerührt, hast du sie erreicht??? Ciao vom Berg heute mit 6° Plus E&G&S "La Bestia"

Daraufhin kam dieses Email zurück:

Am So., 6. Dez. 2020 um 18:12 Uhr schrieb Alice
Hallo Erich,

Wie bereits geschrieben - du machst nichts. Ich warte die
Besprechung mit der Anwältin ab.

Beste Grüße,
Alice

Nun da schrieb ich eine neuerliche Anfrage an Alice:

Hallo Alice!
Bitte sende mir die Kopie ich möchte wissen welche Begründung für
Abriss ist. Und bitte mache es nicht wie Ulli und Petra "nur keine
Wellen" und den Kopf in den Sand stecken! Wir müssen was noch
vor Weihnacht unternehmen und ich will den Bürgermeister
kontaktieren, und zwar jetzt und nicht nach Monaten, denn sowas
vor Weihnachten zu machen ist eine Frechheit und ein Fressen für
die Medien! Das du kein Interesse an dem Haus und Grundstück
hast, ist mir klar, denn es ist dir auch egal das die Terrassenmauer
bald abbricht, was ich dir vor Monaten gesagt habe, und es dir
"wurscht" ist, aber mir (uns) nicht! Denn ich habe nicht nur Geld
sondern sehr, sehr viel Arbeit mit Gabriela ins Haus gesteckt und es
von einer Ruine wieder bewohnbar gemacht, was dir einen großen
Vorteil gebracht hat, denn sonst wäre es schon seit Jahren
eingestürzt und da hättest sicher einen Abbruch machen müssen,
auch wenn du alle Rechte hättest dort ein Haus zu haben.
Also ich will sicher nicht wie Petra und Ulli warten ob alles von
alleine wieder vergeht, sondern sofort was unternehmen und nicht
dann, wenn deine Anwältin in ein paar Monaten etwas
unternehmen will, JETZT ist die Zeit dafür und nicht in ein paar
Monaten! Ich lasse es sicher nicht zu, die viele Arbeit die wir
investiert haben von einer Behörde nehmen, Du hast ja nichts dafür

gemacht und es ist dir anscheinend egal, wie es aussieht, aber sicher nicht mir! Also bitte um die Kopie, denn ich will nicht ohne alles genau zu wissen, jetzt den Bürgermeister und die Gemeinde anschreiben, sondern es dem Volksanwalt tun lassen, aber ich mache es auch so, denn bis Dato war dir alles egal, aber ich warte sicher nicht weiter, sondern mache JEZT etwas.
Also bitte lasse mir alles zukommen, was im Bescheid steht, und bitte sage auch Bescheid bei der Müllabfuhr, das ich sicher nicht mehr fürs ganze Jahr als Einziger bezahle, wenn jetzt nur mehr eine Nebenmeldung ist, bitt um baldige Antwort und Kopie von Bescheid, Gruß vom Tal Erich

Dann sendete ich ein weiteres Email an Alice:

Wieder am Berg! 7.12.2020

Hallo Alice!

Mir ist eigentlich völlig unklar warum du mich nicht Informierst und den Bescheid nicht zusendest!

Genau so wenig warum du Geld für einen Anwalt ausgeben willst, denn ein Einspruch kostet gar nichts und wird sich dann sowieso auf Jahre hinziehen wie bei Michael! Aber wie die Dinge aussehen, wird zu mindest bei deinem Grundstück der Bescheid nicht halten, (siehe Anhang) bei Petra und Ulli weiß ich es nicht.

Warum jetzt gerade der Abrissbescheid gekommen ist, könnten der letzte Weg zu Gericht mit den 21 Seiten von Michaels Abrissbescheid sein, der ja jetzt in der letzten Instanz in St. Pölten ist, aber der Bescheid ist ja bei Michael vom Jahr 1993, also fast 30 Jahre her !!!!!

Ich befürchte, daß du dir von Ulli den Kopf vollreden hast lassen, aber du bist ja keine primitive Hausmeisterin und intelligent, also

verstehe ich dein Vorgehen nicht, vor allem, auf was willst du warten????

Das Ulli und Petra anscheinend nichts in der Hand haben und somit Angst vor dem Abriss haben, aber wieso du? Anbei nochmals die Rechnung von 19. Jänner 1965 wo für ein "umbautes Haus" von 150 m³ bereits alleine schon 11880.- Schilling bezahlt wurden, also niemand von der Behörde abstreiten kann, das hier ein Haus war und es auch eine Genehmigung dafür gegeben hat und auch dafür bezahlt wurde, also können sie da eigentlich nicht abstreiten oder behaupten es gibt keine Baugenehmigung!

Daß sie uns aber vor Weihnachten in Corona Zeiten mit so was drohen, gehört eben angezeigt und ich lasse mir sicher nicht damit drohen, auch wenn du anscheinend nichts unternehmen willst und wie Petra und Ulli lieber still auf was auch immer warten wollen!

Gruß vom Berg, Erich

Worauf diese Antwort von Alice kam:

Am Mo., 7. Dez. 2020 um 13:06 Uhr schrieb Alice R.

Hallo Erich!
Du hast dich da etwas im Ton vergriffen.
Die Angelegenheit und die weitere Vorgehensweise bespreche ich mit der Anwältin. Ich kann dir nur erneut sagen, ich will nicht, dass du, um es mit deinen Worten zu schreiben "was in die Wege leitest".
Beste Grüße,
Alice Redermeier

Nun wieder Antwort von mir:

Hallo Alice!
Ich habe mich sicher nicht im Ton vergriffen, denn wenn ich nicht meine Gesundheit geopfert hätte und diese Arbeit hinein gesteckt

habe, hättest kein Problem mit Abbruch, denn es würde nur mehr
eine Ruine dort stehen, und du hättest viel Geld zahlen müssen um
die umgestürzte Außenmauer zu entsorgen, denn wenn du auch am
Grund die Ruine zusammen fallen gelassen hättest, hättest du die
Außenmauer sicher räumen lassen müssen, weil weder Ulli noch
Petra vorbei gehen konnten. Falls du dich nicht erinnern kannst,
dann schaue dir die Fotos in der Webseite an wie es ausgeschaut
hat. Da auch Boris den Bescheid bekommen hat, werden es Petra
und Ulli auch bekommen haben, aber sicher warte ich nicht so wie
die bisher bis in ein paar Wochen vielleicht dein Anwältin was
unternimmt, denn auf was soll ich warten, also wenn du mir nicht
den Bescheid zukommen lassen willst, warum auch immer, ich lasse
mich sicher nicht aufhalten! Bis jetzt hast dich ja um nichts
gekümmert, außer mir die Rechnung für Müllgebühr zu senden,
und nun willst mich hinhalten! Ich glaube du vergreifst dich etwas
im Ton und lässt mich (uns) im Regen stehen, also denke mal nach
was du da sagst!
Ciao Erich

Dann noch ein weiteres, wobei die Reihenfolge hoffentlich noch
stimmt, war ein großes Durcheinander und ich bin froh alles gespeichert
zu haben:

Hallo Alice!

**Ich möchte nur anmerken, nachdem was ich (wir) für das Haus
getan haben, glaube ich auch, daß ich ein Recht habe in den
Abrissbescheid einzusehen, denn mich betrifft es ja mehr als alle
anderen denn ich habe hier trotz aller widrigen Umstände, ohne
Wasser usw. hier oben gelebt habe und noch immer lebe.**

**Ich kann natürlich auch auf der Gemeinde nachfragen und ich
werde sicher Einsicht und die Begründung des Abriß bekommen,
wenn dir das lieber ist. Ich glaube du kennst mich gut genug daß ich**

es nicht auf mir sitzen lasse und sicher nicht wie alle anderen hier
am Berg "den Schwanz einziehe".

Also bitte nochmals, sende mir den Bescheid, Gruß vom Berg Erich

Diese Antwort kam dann von Alice:

Hallo Erich!

*Die letzten E-Mails und SMS haben mir deutlich gemacht, dass du
eine Art der Kommunikation wählst, die mir nicht Recht ist. Du ziehst
über die anderen am Berg und mich her und wählst eine unflätige
Sprache.*
*Da du ja angekündigt hast, wen du aller benachrichtigst und was du
alles in Gange setzt, sobald du den Bescheid in Händen hältst,
veranlasst mich, dir nicht den Bescheid zukommen zu lassen, da du
nicht meine Einwilligung hast, all die von dir genannten Schritte
einzuleiten.*

Mit freundlichen Grüßen,
Alice

Nun ich schrieb daraufhin zurück:

Klosterneuburg 8.12.2020

Hallo Alice!

**Möchte da ein paar Dinge klar stellen, ich habe keine unflätige
Sprache gewählt, sondern nur meine Meinung gesagt, und das ist
die Wahrheit!**

**Ich bin nicht über dich hergezogen, also warum behauptest du das?
Nur verstehe ich dein Vorgehen nicht!**

Zu Ulli, da gibt es eine Vorgeschichte wo auch ein Rechtsanwalt vorkommt, hoffentlich nicht auch deiner! Sie hat nämlich behauptet, das ihr Rechtsanwalt gesagt hat, daß es verboten ist, daß uns Christoph Wasser gibt, weil er nur eine begrenzte Wassermenge verbrauchen darf! Das war allerdings eine Lüge und ich habe mit dem obersten Ingenieur der Wasserwerke geredet und er hat mir bestätigt, daß es KEINE Wasserbeschränkung gibt, und er Wasser verbrauchen kann so viel er will. Das habe ich dann Ulli gesagt und gefragt, warum sie uns belogen hat, und darauf hat sie uns die "Freundschaft" gekündigt, die ja sowieso nie eine wirkliche war! Das mal zu der Ulli und Rechtsanwalt! Mir ist es egal aber ich lasse mich von niemand belügen, ich hoffe das ist verständlich für dich!

Petra war mit Ulli auf mich etwas angefressen und gab mir die Schuld, das ich mich beschwert habe, das die Gemeinde nicht die Bäume schneidet als ein Baum auf unseren Grund fiel, worauf, wie du ja weißt, die Gemeinde heroben war und anfänglich gesagt hat, wir haben keine Berechtigung weil kein Haus eine Baugenehmigung hat, aber haben dann doch bei uns festgestellt, daß wir sehr wohl ein Recht haben und hat mir ja eine Bewilligung gegeben, alle Bäume die für uns gefährlich sind zu fällen! Natürlich auf eigene Kosten, also damit bestätigt haben, das unser (dein) Haus sehr wohl existiert und registriert ist.

Obwohl uns Ulli ein paar Wochen vorher gesagt hat, das die Gemeinde alle zehn Jahre auf dem Berg kommt wegen den Baugenehmigungen, und sie auch vorher schon da waren und nichts jemals unternommen wurde, gab sie mir dann die Schuld, das sie nun nur gekommen sind, weil ich mich wegen der Bäume beschwert habe und sie lieber "keine Wellen" machen und ruhig sein wollen, und da habe ich ihr per SMS geschrieben was ich von ihrem "Kopf in Sand stecken" halte und ich wenn ich von einem Baum erschlagen werden kann der über die Grundstückgrenze fällt, mich sicher wehren werde, wenn da die Gemeinde dran schuld ist! Und da habe ich ihr auch gesagt, daß es nicht meine Schuld ist, daß ihr

Vater der ja sogar mit Gerichten genug gearbeitet hat, nicht fähig war ihr Haus zu dieser Zeit richtig zu registrieren! Auf das hinauf war sie mir dann auch böse, was mir aber wurscht ist!

Da ich nichts gegen das Gesetz machen wollte, habe ich davon die Gemeinde benachrichtigt, im Gegenteil zu Petra wo Sadri und Ulli, hinten im Wald selber OHNE Bewilligung viele Bäume gefällt haben und dabei Glück hatten nicht vom Förster erwischt worden sind oder von sonst jemanden angezeigt wurden, denn das hätte sicher eine Strafe nach sich gezogen. Da ich zwar nur Mieter bin, aber dir sicher keine Probleme machen wollte, habe ich den rechtlichen Weg gewählt und damit gewonnen und die Genehmigung erhalten!

Also nochmals, ich war nicht unflätig, schon gar nicht zu dir, aber ich habe zu viel in das Haus, (daß dich nie im geringsten interessiert hat), investiert und die Arbeitszeit die wir hier oben aufgewendet haben und alles Material die 260 Stufen rauf geschleppt haben, würde in fünfstellige Zahlen gehen, und ich habe aus einer Ruine ein bewohnbares "Heim" gemacht und das gebe ich sicher nicht auf, und für etwaige Schritte brauche ich sicher nicht deine Einwilligung!

Mit welchem Recht willst du mir denn verbieten das notwendige zu unternehmen?

Wenn du mir den Bescheid nicht einsehen lässt, kann ich gerne mal mit dem Bürgermeister sprechen, denn wenn ich jetzt nicht zufällig die Wohnung bekommen hätte, würde ich ja mein "Heim" verlieren und auf der Straße sitzen, also habe ich auch das Recht mich mit allen Mitteln zu wehren, und du kannst es mir zum Glück mit keinem Recht verbieten!

Da ich sicher weiter im Haus, speziell im Sommer wohnen will und werde, ist es ja hoffentlich verständlich für dich, warum ich darum kämpfen werde und nicht auf solche Ratschläge von

Rechtsanwälten warte, wie der von Ulli der gelogen hat, guten Rechtsanwalt habe ich selber, brauche ich aber in unserer Situation nicht.

Gruß vom Berg Erich

Es folgte ein weiteres Email von mir:

Klosterneuburg 11.12.2020

Guten Morgen Alice!

Da Du anscheinend keine Argumente hast, gegen die Unterstellung gegen mich, daß ich über die "Leute" am Berg und gegen dich hergezogen bin, aber du meine Begründung hoffentlich begriffen hast, also deine Anschuldigungen ungerecht waren.

Das du wahrscheinlich noch immer nicht wegen der Müllgebühren etwas unternommen hast, möchte ich dich nochmals daran erinnern, das die Hälfte der Gebühren bei meiner nun "Nebenmeldung" gerecht fertigt wäre.

Nachdem ich nun wegen deiner Absicht mir den Abriß Bescheid nicht einzusehen lassen, habe ich mit vielen Freunden und Leuten von hier die unsere Situation kennen gesprochen, ob ich damit unrecht habe, nur hat mir jeder zugestimmt, und eigentlich hat so wie ich, niemand verstanden warum du mich nicht für MEIN Recht kämpfen lässt, und jeder sagte mir, daß du froh sein müsstest wenn jemand für ein Recht für dich kämpft, normalerweise ist es umgekehrt und es wird vom Mieter GEGEN den Vermieter gekämpft und nicht daß ein Mieter für einen Vermieter kämpft! Ein paar ließen sogar "anklingen" ob du das nur verweigerst weil du mich (uns) aus dem Haus haben willst um das Grundstück verkaufen zu können?

Da ich am 4.7.2019 in die Baupolizeiliche Überprüfung sehr wohl eingebunden war, und auch als Mieter und Bewohner des Hauses mit unterschreiben musste, habe ich auch das Recht der Einsicht in den Abriß Bescheid. Genau so habe ich die Verhandlungen mit dem Marktamt gemacht, wegen der Sicherheit am Grundstück nach der Begehung am 27.11. 2018 worauf und ich dann die Genehmigung vom Forstamt am 28. 3. 2019 erhalten habe die Bäume fällen zu dürfen, also auch ich Rechte habe, was das Grundstück betrifft!

Genau so habe ich die Erhaltung der Stromzufuhr geregelt und auch nur durch meine neuen Installationen der Stromleitungen und Sicherungsverteiler im Haus bekommen, wo es überhaupt möglich war, daß ein neuer Smart Zähler installiert wurde, denn mit der alten total kaputten Strominstallation im Haus hätte man den Strom sofort abgedreht und Zähler demontiert! Also habe ich für das Haus und Grundstück wesentlich mehr gemacht als Du in den letzten ACHT Jahren.

Was mich traurig macht, da du ja immer meine Emails bekommen hast, daß DU in den letzten ACHT Jahren nicht einmal ein Wort des Dankes geschrieben hast, was ich (wir) für das Haus und Grundstück gemacht haben, daß es ohne unseren Einfluß und Arbeit die wir rein gesteckt haben, überhaupt nicht mehr geben würde, sondern nur eine Ruine und Wildnis geblieben wäre. Also würde mich schon interessieren was da eine öffentliche Meinung oder ein Gericht zu unseren beiden Charakteren aussagen würde?

Aber wenn es dir lieber ist, dann kann ich natürlich nun versuchen noch vor Weihnachten einen Termin in Corona Zeiten in der Gemeinde zu bekommen um dort alles in Aufruhr zu bringen um eine Einsicht in den Abriß Bescheid zu bekommen, wo es mir immer noch unerklärlich ist, warum du mir MEIN Recht einer Einsicht verweigerst und vor Weihnachten dieses Vorgehen anstrebst!

Gruß von Berg bei wenig Schnee, Erich und Gabriela

Nun nach SMS und Email mit Alice, die mir die Einsicht in den Abrissbescheid verweigerte, bekam ich dieses Email zur Antwort:

Am 14.12.2020 um 09:27 schrieb Alice R.:
Hallo Erich!

Ich kann nur erneut wiederholen, dass ich in Sachen Abbruchbescheid mit der Anwältin in Kontakt stehe und die empfohlenen und erforderlichen Schritte unternehme. Ich kann dir auch nur erneut sagen, dass ich dir den Abbruchbescheid nicht geben will, weil du ja wiederholt angekündigt hast, dass du alles in Aufruhr versetzt und mir das nicht Recht ist und ich das auch für die falsche Strategie halte. Der Volksanwalt ist dafür da, um Missstände in der Amtsdurchführung von Behörden aufzuzeigen und zu verfolgen. Die Sachlage, die hier vorliegt, ist, dass die Gemeinde seit Jahrzehnten nicht eingegriffen hat, obwohl <u>keine Baugenehmigung</u> in den Akten zu finden ist. Der Volksanwalt ist nicht zuständig dafür, eine Baugenehmigung zu erwirken, sondern das jahrzehntelange Nicht-Eingreifen der Behörden aufzuzeigen und zu ahnden. Eine Einschaltung des Volksanwaltes kann daher auch den absolut negativen Effekt haben, dass das Verfahren beschleunigt zu einem negativen Bescheide kommt.

Und übrigens: Nur weil ich nicht alle deine Aussagen kommentiere, heißt das nicht, dass ich mit ihnen übereinstimme. Ich nutze lieber die Zeit, um Nachforschungen anzustellen, die in dem Verfahren von Nutzen sein können.

Puncto Müllgebühren - die Müllgebühr ist bereits auf dem minimalsten Betrag:

Mit freundlichen Grüßen,
Alice

Nun da ich mich damit sicher nicht zufrieden gebe, habe ich ihr noch am selben Tag meine Antwort geschrieben:

Klosterneuburg 14.12.2020

Hallo Alice!

Gleich als Erstes zu Müllgebühr:

Es kann nicht sein, daß die Müllgebühr auf dem kleinsten Stand ist, denn ich bezahle ja für 25 Müllsäcke, also den vollen Betrag, da ja alle 14 Tagen der Müll abgeholt wird, also zahle ich damit für das volle Jahr und nicht nur die Hälfte!!! Jetzt mit Nebenmeldung müsste es auf die Hälfte zurück gesetzt werden!

Warum du Angst von einer "Beschleunigung" hast ist mir unklar, denn es wurde für das Haus ja bezahlt, sogar genau vermessen, also kann KEINE Behörde abstreiten, das hier KEINE Baugenehmigung war, sonst hätten sie ja nicht für die 150m³ 11880.- Schilling bereits im Jahr 1958 kassieren können, also die Situation anders als bei Petra und Ulli ist und nur du im Plan eingezeichnet bist! Also würdest du nicht wie Petra und Ulli nicht "stillhalten" müssen, und den "Kopf in den Sand " stecken wie die es tun! Dazu ist zu sagen, daß ja Ulli überhaupt NICHTS zu sagen hat und keinerlei Rechte, da das Haus und Grund ihrem Bruder gehört und nicht ihr, sie auch überhaupt nirgends aufscheint!

Petra hat ja Michael angerufen ob er mit ihnen einen Rechtsanwalt nehmen will, was Michael abgelehnt hat, weil es sicher NICHTS nützt, und bei ihm geht das ja nun über 28 Jahre seit 1993, also das hier was "beschleunigt" wird kann ich mir nicht vorstellen, also ein normaler Einspruch von dir, ohne Rechtsanwalt genug wäre, ohne Geld für Anwalt auszugeben, der dann wie bei Wasser unten bei Christoph komplett falsche Angaben macht!

Du hast auch unrecht mit Bürgeranwalt, der sehr wohl solche Fälle am laufenden Band hat und diese sehr wohl aufgreift!!! Außerdem ist diese Aktion in Corona Zeiten und vor Weihnachten, ein Fressen für Medien, die ich zwar normal ablehne, aber die Sendungen

151

"Mein Recht, ich geb nicht auf" oder "Vorschrift, ist Vorschrift" nehmen vor Weihnachten solche Fälle sicher gerne auf, und eines ist sicher, daß unser Bürgermeister Schmuckenschlager solche Art von Werbung sicher nicht will.

Also ist mir noch immer unklar warum du diese Taktik von Petra und Ulli vertrittst? Da weder Ulli, noch Petra hier ober gemeldet sind, weder Müllgebühr bezahlen, noch eine Fernsehgebühr, also alles was für uns (dich) nicht zutrifft, was aber alles gar nicht für mich möglich sein könnte, wenn es für unser (dein) Haus keine Berechtigung geben würde, wie es bei Petra und Ulli aussieht weiß ich nicht, ist mir aber auch egal! Ich habe mein Leben lang gekämpft und hätte es auch für dich (uns) getan, und eines ist sicher, falls du mir nicht mein Recht lässt um für die Arbeit die wir hier investiert haben, machst du die Sache mit abwarten sicher nicht besser. Auch wenn du jetzt abwartest und mir keine Einsicht gewährst, wird es früher oder später, ersten zu spät sein was zu unternehmen, und wenn ich dann zu den Medien gehe wenn es deiner Meinung von deinem Rechtsanwalt keinen Sinn mehr hat, werde ich dann nicht nur öffentlich gegen die Stadtgemeinde kämpfen und vorgehen, sonder auch gegen DICH, was ich eigentlich vermeiden wollte, aber du kannst sicher sein, das es dann sicher nicht ohne gröbere Streitigkeiten abgehen würde und zum Unterschied mit meinen Nachbarn und anscheinend Dir, die sich nur "ducken" wollen und abwarten, macht es mir sehr großen Spaß zum kämpfen und streiten!

Also würde ich da mal darüber nachdenken und nochmals wegen Müllgebühr nachfragen oder soll ich es tun wenn ich runter gehe, denn ich will ja meine bezahlten Müllsäcke für dieses Jahr auch noch bekommen und ihnen sicher nicht schenken.

Gruß vom Rolandsberg Erich, Gabriela und Shiva "La Bestia"

P.S.: Habe jetzt erst gesehen, daß du mir Schreiben von Müllgebühr angehängt hast, ist so klein das ich es nicht lesen konnte. Aber da

sagen sie ja sogar selber aus, "für jedes bebaute Grundstück" also können sie ja nur kassieren wenn sie zugeben daß es bebaut ist, also auch dort offiziell ein Haus steht!!! Nicht so wie bei Petra und Ulli!

Nun ich habe weder von Alice Einsicht in den Abrissbescheid bekommen, noch bekam ich ihn von der Gemeinde, nur den Rat, daß ich Alice einklagen musste, damit ich Einsicht in den Bescheid bekomme, die Gemeinde will mir als Mieter, obwohl ja ich dort die Müllgebühr und den Strom bezahle und nicht Alice, keine Einsicht in den Abrissbescheid gewähren. Nun obwohl ich noch nicht weiß wie diese Sache ausgehen wird, und ob ich jemals damit in die Öffentlichkeit komme, ob sich eine „Bürgeranwalt" oder eine TV Serie dafür interessieren wird, ich habe es mal in meinem Buch aufgezeigt, weil man so eine Geschichte, die in jedem Punkt ja auch der Wahrheit entspricht, niemanden vorenthalten sollte.

Was ich am Vorgehen von Alice überhaupt nicht verstehe ist die Tatsache, daß wir in einer „Niederschrift" vom 4.7.2019 von der Baubehörde, die auch ich und Gabriela erhalten haben, zur Feststellung des Gebäudeumfangs und der etwaigen Baugebrechen am Grundstück, folgende Eintragung haben:

Stellungnahme des Grundeigentümers-Bauwerkseigentümer:

Laut Grundsteuerbescheid vom Jahr 1963 wurde das „Wochenendhaus" im Jahre 1936 errichtet. Mit Schreiben vom 28. April 1947 wurde die Errichtung eines Rauchfanges von der Baubehörde zur Kenntnis genommen. Mit der Mitteilung vom 22.12.1964 wurde die Hausnummer Rolandsberggasse 63c seitens des Stadtamtes zugeteilt. In keinem dieser Schreiben wird darauf hingewiesen, daß das „Wochenendhaus" keine Baubewilligung aufweist. Daher ist davon auszugehen, daß sehr wohl eine Baubewilligung vorhanden ist, die im Akt verloren ging. Für den

Wieso sie mir nun verweigert für das Haus zu kämpfen ist mir unerklärlich, vor allem was wir für das Haus und Grundstück getan haben. Was ich auch nicht verstehe ist, warum sie das Haus als „Wochenendhaus" bezeichnen ist mir unklar, weil ja die Fr. Redermeier mit ihrem Mann 26 Jahre gelebt hatte und zwar Sommer und Winter und dabei ihre Tochter Uschi groß gezogen haben. Aber auch ich habe in diesem Haus und Adresse jahrelang gelebt und lebe dort noch immer und hatte dort meine Hauptmeldung.

Auf jeden Fall werde ich die Sachen nicht auf sich beruhen lassen, und so wie Ulli und Petra, all die Jahre nur „still" zu halten und den Kopf in den Sand stecken, obwohl sie genau wussten, daß seit Jahren die Baubehörde die Häuser hier oben im „Auge" haben. Und wenn man dann erwartet es klärt sich von alleine, fällt mir eine Spruch von Albert Einstein ein:

Die reinste Form des Wahnsinns ist es, alles beim Alten zu belassen und zu hoffen, daß sich etwas ändert.

Das neue Jahr 2021 haben wir obwohl ich ja jetzt schon die Wohnung habe, trotzdem am Berg verbracht um Shiva die Böller und Feuerwerk so gut es ging zu ersparen, leider nütze auch der laute Fernseher nicht viel, auch am Berg war die „Knallerei" noch so laut zu hören, so daß sich Shiva wieder in die hinterste Ecke unter der Bank im Schlafzimmer verkrochen hatte, und wir waren froh, daß Sylvester wieder vorbei war. Leider hat Shiva noch immer Probleme und sie erschreckt sehr leicht wenn irgendwo laute Geräusche sind, speziell wenn es irgendwo laut knallt. Wie ich von vielen Freunden mit Hunden erfahren habe, ist da sicher nicht alleine.

Auch für mich (uns) fing das neue Jahr nicht gerade erfreulich an, ich erhielt ein email am 3. Jänner 2021 von Emrol in Petite Martinique, leider mit der Nachricht, unser Boot ist von der Muring und vom Anker losgebrochen, was nur passieren kann, das eine der Beiden Seile schon vorher gebrochen ist, denn das Beide Seile von Anker und Muring gleichzeitig brechen, speziell wenn nicht mal starker Wind war, ist höchst unwahrscheinlich. Leider wie es schon in den Jahren vorher war, die Personen die wir bezahlten und beauftragten auf unser Boot zu schauen, haben wie die Zeit vorher, natürlich nichts gemacht und somit ging unsere „Key of life I" auf das Riff vor Petite Martinique und liegt mit 40° Schräglage dort auf ca. 50 cm Wassertiefe. Nun somit kann eigentlich jeder von der Insel zu Fuß raus gehen und alles plündern und stehlen was an Bord ist. Die Söhne von Emrol versuchten noch mit dem Fischerboot unser Boot vom Riff zu ziehen, aber wenn 20 Tonnen mal sitzen, dann bewegt sich nichts mehr. Sie haben noch so viel wie ging vom Boot geborgen, aber in den nächsten Tagen wurde alles vom Boot gestohlen und abmontiert, was doch alles zusammen sicher an die 20.000 € an Neuwert hatte was alles noch an Bord war. Unsere Stimmung war am Tiefpunkt angelangt, auch wenn wir heuer „Dank" Corona, wahrscheinlich nicht aufs Boot und nach Grenada gekommen wären, ist es doch sehr traurige Gewissheit, daß wir NIE mehr auf unser Boot kommen werden, was nicht sehr aufbauend für unsere psychische Stabilität ist, aber wem interessiert schon unsere Depression?

Fotos zu sehen in der Webseite:

http://segelclub.ankh-refugium.com/Foto7.htm

Am 16. Februar 2021mit Fr. N. von der	Baubehörde gesprochen und sogar Rückruf vom Juristen der Rechtsabteilung erhalten, nur leider keine Chance außer wenn ich Alice einklage eine Einsicht in den Abrissbescheid zu bekommen, also nicht sehr aufbauend für mich untätig warten zu müssen. Am 16. Mai hat Gabriela unseren

Windfang gereinigt und Shiva ist dabei auf der Terrasse herumgelaufen, und da unsere Nachbarn Petra und Sadri auch da waren und herumgingen, hatte das natürlich Shiva zum bellen angeregt, sie hat ja die Aktionen von Sadri mit erschrecken und Wasser anspritzen sicher nicht vergessen, nur ich war drinnen im Haus und Gabriela putzte im Windfang und ich weiß nicht wie lange Shiva da wirklich gebellt hat, es war sicher nicht so lange, als Shiva auf einmal total verängstigt an Gabriela vorbei lief und am ganzen Körper zitternd sich in die hinterste Ecke vom Schlafzimmer verkroch, wie sie es zu Sylvester gemacht hat, und weil sie das sicher nicht ohne Grund machte ging ich raus um unsere Nachbarn zu fragen was sie da gemacht haben, daß Shiva so ängstlich ist. Sadri meinte er hat gar nichts gemacht, nur soll ich dafür sorgen, daß mein „scheiß“ Hund nicht bellen soll, worauf ich ihn natürlich zur Rede stellte und es eine gröbere „Diskussion“ oder eher eine „Streiterei“ begann und ich ihm sagte, daß ich es nicht beweisen kann, aber ich vermute doch, daß er einen Stein nach Shiva geworfen hat. In diesem Streit kam es dann zu unsinnigen Aussagen, unter anderem sagte mir Sadri, was ich bis heute noch nicht verstehe, daß mir der österreichische Staat alles in den „Arsch“ schiebt! Wieso er diese Aussage machte ist mir immer noch unklar, denn wenn er damit anspricht, daß ich endlich mit 70 Jahren eine Gemeindebau Wohnung bekommen habe, dann ist es ja noch mehr lächerlich.

Denn eines ist klar, daß der türkische Migrant nicht alleine, sondern wahrscheinlich mit seinen Eltern nach Wien gekommen ist, und sie sicher nicht von der Türkei weg gingen weil es ihnen dort so gut ging, sondern als Wirtschaftsflüchtlinge nach Österreich kamen, denn Krieg gab es ja in der Türkei nicht von dem sie flüchten mussten, nun und sie haben sicher von Österreich sofort eine Gemeindebauwohnung bekommen und nicht wie ich, warten mussten bis sie 70 Jahre alt wurden! Und ich weiß es nicht genau, aber wahrscheinlich hat auch Sadri eine Gemeindebau Wohnung im 10. Bezirk bekommen, also wieso er dann sagt mir schiebt Österreich alles in den „Arsch“ ist mir immer noch unklar, denn seine Familie und er haben sicher von Österreich mehr bekommen als ich in meinem ganzen Leben! So wie Sadri sicher mehr Arbeitslose bezogen hat als ich, denn ich war ja 30 Jahre nicht in Österreich und habe somit weder Sozialhilfen noch das Gesundheitssystem so ausgenützt, wie es er und seine Eltern wahrscheinlich gemacht haben ohne vorher einen Schilling in unser System eingezahlt zu haben. Am Ende dieser Streiterei muß ich mir dann von dem türkischen Migranten noch sagen lassen, ich soll ihn am „Arsch“ lecken, so geht es nun uns Österreichern im eigenen Land und wenn wir uns aufregen, dann sind wir Rassisten.

Auch dürfte Petra auch schon etwas geistig behindert sein, denn im Streitgespräch ruft sie, warum auch immer, Gabriela zu, daß sie die Ausgleichszulage von Gabriela bezahlt! Was ist los mit dieser Frau, neidet sie Gabriela die Invalidenrente, die sie nur wegen ihrer Krebserkrankung bekommen hat? Eines ist sicher, Gabriela hätte lieber länger gearbeitet als an Krebs zu erkranken und mit einer 50:50 Chance am Tot vorbei gegangen zu sein. Vielleicht sollte Petra mal Krebs bekommen um Gabriela so was vorzuhalten was völlig aus der Luft gegriffen ist! Gabriela hatte mit ihrer Firma bis zu ACHT Angestellte gehabt und sicher mehr Steuern bezahlt als sie es jemals tun wird, aber was will man von so einem „kranken“ Gehirn einer Charakterlosen Hundehasserin, außer daß sie eine verbale „Dreckschleuder“ ist?

Jedenfalls habe ich sofort nach dieser Aktion ein Email an Petra geschrieben, daß ich natürlich niemanden vorenthalten will:

Klosterneuburg 16. Mai 2021

Hallo Petra!

Es tut mir leid, daß diese Sache heute so eskaliert ist, aber ich möchte daher einiges richtig stellen. Zu deinem Argument, das Shiva aggressiv ist, möchte ich dir sagen, sie ist es nicht nur ängstlich, und du warst ja dabei als wir im Wald daß letzte Mal mit Elfi und dir geredet haben, Shiva nach anfänglichen bellen, ruhig neben uns gesessen ist, und erst wieder bellte als ihr weiter gehen wolltet, was sie gar nicht will, denn die "Herde" muß sie zusammen halten. Du kannst sicher sein, daß sie auch uns manchmal nervt, weil sie bellt eben wenn sie eine Rettung hört, oder Christof seine Kinder, oder einen Raben oder Eichhörnchen sieht. Wir haben auch schon nachgefragt, nur sagte uns jeder Trainer, daß es in der Natur von einem "Mudi" Terrier Mischling ist, und die eben sehr bellfreudig sind, was eben sehr nervt und wie du auch weißt, wir sogar versuchen am Wochenende unterwegs zu sein um dich nicht zu stören.

Nur heute als sie auf der Terrasse bellte, kam sie auf einmal total verschreckt und am ganzen Leib zitternd ins Haus gerannt, wo ich nicht weiß was da Sadri wieder gemacht hat, denn dafür habe ich keine Erklärung, und ich habe ja nicht gesehen ob er eventuell einen Stein nach Shiva geschossen hat. Ich will ihm das nicht unterstellen, aber Shiva ist noch nie so ängstlich zitternd ins Haus gestürzt. Da er ja meinte er zeigt uns an, wegen dem Hundegebell, was vielleicht Du machen kannst, aber sicher hat er keinerlei Rechte hier am Berg, also kann er uns auch nicht anzeigen! Daß er Shiva mehrmals erschreckt hat und mit Wasser angespritzt hat, hat ihn bei der ängstlichen Shiva sicher nicht zutraulicher gemacht. Das er Shiva als "Scheiß" Hund bezeichnet, ist eine Sache und daß er sie so wie du nicht will auch, aber ich brauche mir von einem

158

türkischen Migranten sicher nicht sagen lassen, das mir der Staat alles in den Arsch schiebt, mich würde interessieren wie er auf so was kommt? Denn eines ist sicher, ich bekomme als gebürtiger Österreicher die Rente die mir zusteht und ich eingezahlt habe und keinen Euro mehr, und sicher habe ich weniger an Arbeitslosengeld von Österreich bekommen als Sadri, der als Migrant von unserem Staat aufgenommen wurde und unterstützt wird, also sollte er darüber nachdenken was er zu mir sagt!

Da er mich ja so gerne anzeigen will, frage ich mich schon, wer mich dann eigentlich, wenn es ihr nicht wart, hier wegen der GIS angezeigt hat und es fast zu einer Pfändung gekommen wäre und ich sogar am BVG eine Anzeige gemacht habe. Ich habe weder Dich oder Ulli bei dem GIS angezeigt, obwohl ihr beide TV schaut, aber sicher dafür keine GIS bezahlt, noch bezahlt ihr wie ich eine Müllgebühr, noch seit ihr hier oben gemeldet aber regt Euch über das Hundegebell auf. Wobei wie du ja selber weißt, Gabriela schon oft mit Shiva in der Pyramide saß und du auf der Terrasse warst und dabei kein einziges Gebelle von Shiva dabei war. Ich habe Euch auch nicht angezeigt, obwohl ihr im Gemeindewald Bäume um geschnitten habt, was bei Strafe verbotenen ist, und nur ich eine Genehmigung von der Forstverwaltung bekommen habe, Bäume die unser Grundstück gefährden, fällen zu dürfen! Ich zeige nämlich keine Freunde und Nachbarn an, und wieder stellt sich die Frage: Wer hat dann mich angezeigt? Ich kann dir gerne die Anzeige von dem GIS zusenden, wenn du es nicht glaubst. Jedenfalls, werde ich bei aller Freundschaft, sicher eine Anzeige wegen Tierquälerei machen, sollte ich einmal sehen, daß Sadri gegen Shiva in irgendeiner Richtung was unternimmt, wie Steine werfen oder ähnliches, was ich jeden Türken eigentlich zutraue, ich weiß wie sie dort die Tiere behandeln. Ich weiß zwar nicht was da heute auf der Terrasse passiert ist, aber jedenfalls ist Shiva heute nachdem sie verschreckt ins Haus lief, immer noch sehr gestört und bellt sogar hier im Haus noch sehr viel herum, was sie sonst nicht macht. Ich hoffe du verstehst meine Begründung und Sorge was da am Nachmittag auf der Terrasse los war. Auch wenn Sadri meinte ich kann ihn am "Arsch lecken", lässt sich Gabriela bedanken, daß er ihren Therapiehund als "scheiß" Hund bezeichnet, jedenfalls hat Gabriela Shiva bekommen, weil sie nach ihrer Krebs Therapie viel Bewegung machen sollte, und dabei hat ihr Shiva sicher sehr geholfen, da sie dadurch fast 20 kg abgenommen hat.

Was das hinausgehen über euer Grundstück betrifft, was du ja sehr betont hast, obwohl ich eure Tür provisorisch repariert habe sonst würde sie nur runter hängen, steht es Euch natürlich sofort frei einen Zaun aufzustellen und falls du mir sagst, wir dürfen nicht mehr eure Tür benutzen, werden wir es auch nicht mehr tun. Ich kann jederzeit unseren natürlichen wilden Zaun aus Ästen irgendwo aufmachen und wir gehen dann dort raus, nur bin ich nicht sicher, ob du viel Freude damit hast, wenn dann dort daß Wild aus und eingeht, was mir persönlich wurscht wäre. Ich hätte nie gedacht, daß es zwischen uns mal soweit kommen wird, aber wenn wir nicht mehr bei deinem Tor raus gehen dürfen, kannst es mir sagen und ich mache hinten bei uns den Gestrüpp Zaun auf und wir gehen nicht mehr über deinen Grund. Zu über fremden Grund gehen, soweit ich mich erinnere, hat Sadri ohne Einwilligung den Grund, ohne Alice zu fragen okkupieren wollen und gerodet, und außerdem habt ihr Euren Müll und Grünschnitt mit Ästen und allen anderem, jahrelang in unser Hochbett hinter dem Haus geworfen, wo auch heute noch im Hang sehr viel Bauschutt von Euch drinnen stecken, und ich habe mich nie darüber aufgeregt, aber auch nicht vergessen.

Viele Grüße Erich

P.S.: Damit ich dich nicht mehr mit meinen Emails belästige, werde ich dich aus dem Verteiler nehmen. Bitte um Bestätigung, daß du dieses Email noch erhalten hast!

P.P.S.: Es gibt übrigens Leute dich sich freuen, wenn jemand einen Hund aus dem Tierschutzhaus rettet, und sie sicher durch ihre Vergangenheit sicher von Leuten wie Sadri traktiert wurde. Und wenn da wer gestört ist, brauche ich nur zurück zu denken als ich mit Riki am Balkon geredet habe und er sich aufregte, oder das ich einmal mit dem Radio etwas zu laut war, und er aus gerastet ist, obwohl ich ihm eigentlich sofort gefragt habe ob es zu laut ist. Nur habe ich nie etwas gesagt, wenn wer am Berg am Sonntag oder Samstagnachmittag den Rasen gemäht hat, aber Sadri sich sogar beim Reden aufregt.

Unmittelbar kam da die Antwort von Petra:

Hallo, wenn du nicht möchtest, dass die Situation eskaliert, halte deinen Hund vom Bellen an unserer Grundstücksgrenze ab und verhindere, dass er ungehindert auf unser Grundstück laufen kann.

Petra

Worauf ich natürlich sofort meine Antwort senden musste:

Die Situation ist ja schon eskaliert, denn ich lasse mir nicht von Sadri was vorwerfen, was nicht wahr ist, denn mir schiebt der Staat sicher nichts in den Arsch, wie er gesagt hat. Leider kann ich nicht verhindern, daß Shiva über die Grundstücksgrenze bellt, da müsste man eine Lärmschutzmauer bauen. Jedenfalls war Shiva gestern noch total fertig, was vorher noch nie der Fall war, also muß Sadri was gemacht haben, ob Stein oder eventuell eine Steinschleuder, will ich nicht unterstellen, aber da würde ich sicher, falls ich es mal

sehe, sofort eine Anzeige bei der Polizei machen, was dir hoffentlich verständlich sein wird. Wir werden schauen, daß Shiva nicht auf euren Grund läuft, wir wollen doch Hundehasser nicht verärgern und nur mehr zur Türe gehen, wenn du daß auch nicht willst, dann sage es mir und ich mache hinten bei uns auf. Wenn natürlich gerade ein Rabe auf eurer Wiese ist, wird es schwer sein, daß sie nicht rüber läuft, auch wenn sie es sonst nicht tut, sie ist eben ein Hund. Ob wir das einhalten wird dir ja die Hausmeisterin die immer bei Euch beim Haus ist, ja berichten können.

Gruß vom regnerischen Berg Erich

Und nochmals musste ich Petra meine Meinung schreiben:

Von: Erich Beyer <beyer.erich@gmail.com>
Datum: Mi., 2. Juni 2021, 10:29
An: Petra S.
Betreff: Hundetrainer und Stadtgemeinde

Klosterneuburg 2. Juni 2021

Hallo Petra!

Wie du ja selber wieder mitbekommen hast, wo Shiva relativ viel gebellt hat, weil sie sich eben über Rasenmäher oder Baugeräusche, auch wenn weit entfernt, oder Vögel aufregt. Nur warum sie selbst als du nur alleine hier warst, sich nicht auf die Terrasse zu eurer Seite getraut hat, hat mich sehr gewundert und eben als sie das letzte Mal, von dort sehr schnell ins Haus gelaufen ist und am ganzen Leib gezittert hat, lässt den Schluß zu, was ich aber nicht beweisen kann, daß dein türkischer Freund eventuell einen Stein gegen Shiva geworfen hat. Deshalb waren wir beim Tierschutzhaus,

und einem Hundetrainer in Zeiselmauer und leider haben alle
gemeint, wenn ein Hund so reagiert, ist was vorgefallen, denn im
Gegensatz zu Menschen, können Hunde nicht lügen! Und es gibt
leider Hunderassen, wo, wie bei unseren "Mudi" wo wahrscheinlich
ein "Terrier" dabei ist, die eben mehr bellen als andere, aber
speziell wenn sie von Leuten vorher gereizt und erschreckt wurden.
Aber was soll man von Türken und Hausmeistern anderes
erwarten.

Das Türken, auch wenn sie jetzt schon Österreicher sind, keine
Hunde wollen, noch Frauen gleichwertig behandeln, ist ja kein
Geheimnis, nur wenn der türkische Migrant meinem Hund weh tut,
dann hat er ein Problem und ich werde nicht zögern, daß nächste
Mal, falls ich was in dieser Richtung bemerke, sofort eine Anzeige
bei der Polizei machen. Denn nun habe ich sicher kein Problem
mehr damit, da auch wenn es alle abstreiten, jemand vom Berg
mich wegen der GIS angezeigt hat, und da ja alle Lügen, wie es ja
Ulli mit dem Wasser von Christoph jahrelang gemacht hat, bis ich
das Gegenteil bewiesen habe und mit dem Chef vom Wasserwerk
gesprochen habe, ist keinem zu glauben! Das wir in Österreich so
blöd waren, die Türken die in ihrem eigenen Land keiner mehr
wollte in Österreich aufgenommen haben und sie auch eine
Staatsbürgerschaft bekommen haben, ist eine Sache, aber ich
brauche mir von einem türkischen Migranten sicher nicht sagen
lassen, daß mir der österreichische Staat alles in den Arsch schiebt,
wenn er sicher um 90% mehr Arbeitslose als ich jemals bekam, von
Österreich bezogen hat, und eigentlich auch nicht, daß ich ihn am
Arsch lecken kann, aber daß ist mir wurscht, denn er ist und bleibt
eben ein Türke und wie eine Hausmeisterin können mich solche
Leute nicht beleidigen, aber von dir hätte ich mehr Intelligenz
erwartet! Und auch hat er weder ein Recht hier oben am Berg, daß
er mich mit meinem "scheiß" Hund anzeigen wird, wie er sagte,

aber ich kann wenn ich es beweisen kann, sicher wegen Tierquälerei anzeigen!

Leider ist es nicht zu verhindern, daß Hunde eben bellen, und die Aktionen von Sadri als er Shiva ein paar Mal fürchterlich erschreckte und mit Wasser anspritzte, so wie Ulli mir Rechen und Laubsack vor Shiva herumfuchtelte, ist sicher nicht förderlich um Shivas Vertrauen zu gewinnen, darüber ist sich jeder Hundekenner bewusst und einig! Da viele Leute die Shiva vorher angebellt hat, nun ihre besten Freunde sind, wo ich sofort mal zehn Leute bringen kann, die es bestätigen, ist sie sicher nicht aggressiv noch hat sie jemals jemanden gebissen! Wenn jemand aggressiv ist, dann ist es dein türkischer Freund, wie wir ja ein paar Mal erlebt haben wie er dir gegenüber ist, und einmal wie er halb durchgedreht hat als ich den Radio etwas zu laut hatte, und er mich "anfuhr" obwohl ich ihn eben gerade fragte ob es zu laut wäre! Aber daß ärgste war, als er uns anschrie als ich mit unserer Freundin Riki auf unseren Balkon NUR gesprochen hatte, weil er sich in seinen Nachmittagsschlaf gestört fühlte! Also wenn wer aggressiv ist, dann ist es dein türkischer Freund und nicht unser Hund. Daß du dir alles gefallen lässt ist deine Sache, nur kann weder unser Hund noch wir etwas dafür, daß dich dein türkischer Partner den Rasen mähen lässt und lieber Golf spielen geht, aber es ist die Einstellung von diesem Volk!

Auf der Stadtgemeinde habe ich unser Nachbarschaftsproblem auch vorgetragen, und auch dort sagte man uns, man kann einem Hund nicht verbieten zu bellen, genau wie man kleine Kinder nicht sagen können nur leise zu spielen. Da es leider auch verboten ist, in der heutigen Zeit "Kettenhunde" zu halten, und man den Hund sicher nicht am eigenen Grund an der Leine zu halten, ist es halt nicht immer zu verhindern, wenn er einen Vogel auf deinen Grund sieht, daß er nicht rüber läuft, wenn wir dabei sind und es sehen, können wir es ja meistens verhindern. Auf der Gemeinde meinte man, du kannst ja jederzeit einen Zaun aufstellen, und daß Problem ist gelöst! Das ich mir unter einer Berggemeinschaft was anderes vorstelle ist ja klar, aber daß hast du ja auch nie so richtig als Gemeinschaft betrachtet, denn in NEUN Jahren habt ihr es nicht der Mühe wert gefunden, auch nur einmal eine der Stufen zu reparieren, und wenn nicht die Ulli oder ich, seit Jahren die Stufen repariert hätten, wären sicher an die Hundert Stufen kaputt und nicht mehr vorhanden!

Ich hätte daß Email auch gerne deinen türkischen Freund gesendet, nur leider habe ich keine Email Adresse mehr von ihm, und ich glaube nicht, daß du sie ihm hast Lesen lassen, bei der Aggressivität die er an den Tag legt, aber vielleicht doch, was gut wäre, und er sich vielleicht doch überlegt, nochmals gegen Shiva, sei es mit erschrecken, oder Wasser anspritzen, oder Aktionen die ich nicht gesehen habe zu unterlassen um nicht die Polizei auf den Berg holen zu müssen!

Viele Grüße vom sonnigen Berg Erich

Nun kam wieder die Antwort von Petra kurze Zeit später:

Am 02.06.2021 um 12:50 schrieb Petra:

Spar dir deine rassistischen Ausfälle.

Ich möchte meine Leitern zurück und möchte nicht, dass du mein Grundstück danach noch einmal betrittst. Die Absperrung der rechten Seite deines Grundstücks ist eigentlich deine Angelegenheit. Da kannst du dich gerne auch bei der Gemeinde erkundigen. Sadri hat deinem Köter sicherlich nichts nachgeworfen. Er hat sich auf der Terrasse auf die Sitzbank gestellt, böse runtergeschaut und dabei einen Polster in der Hand gehabt. Das wird sie sich gefallen lassen müssen wenn sie ungehindert minutenlang an der Mauer keift und sie niemand zurückpfeift. Zur gis Anzeige: Du bist wahrscheinlich jemanden beim simplytv Kundendienst mit dem Arsch ins Gesicht gefahren und die haben dich bei der GIS gemeldet. Oder du bist auf einen Typen gestoßen der mindestens genau so ein Querulant ist wie du. Nach so vielen Jahren Querulantentum eh ein Wunder dass das nicht früher passiert ist.

Und im übrigen kannst du dir jegliche weiteren Nachrichten sparen.

Meine Antwort kam postwendend:

**Von: Erich Beyer <beyer.erich@gmail.com>
Datum: Mi., 2. Juni 2021, 18:34
An: Petra S.
Betreff: Re: Hundetrainer und Stadtgemeinde**

Ich habe für dich die Leiter für dich verwahrt weil sie Euch im Weg war, ich habe sie in den Jahren nicht einmal gebraucht. Da ich Simpli seit mehr als sechs Jahren habe, die Anzeige aber erst nachdem die Hausmeisterin und du behauptet hast ich bin Schuld daß sie uns den Abrissbescheid gesendet haben, und daß obwohl Ulli selber gesagt hat, sie kommen alle 10 Jahre hier rauf, also ich sicher nicht Schuld bin, Ich habe aber den Zaun zu Michael wieder dicht gemacht und deinen Zaun hat Ulli gebaut, also kannst Du entscheiden, nur ich brauche ihn sicher nicht zu bauen, da mußt du dich mit Alice in Verbindung setzen, ich bin nur Pächter und habe keinerlei Verpflichtungen außer die Müllgebühr zu bezahlen, was ich auch mache, und ich habe genug Geld ins Haus gesteckt! Also wenn es dir lieber ist, daß wir nach hinten im Wald einen Durchgang offen lassen und alles reinkommen kann, werden wir nicht mehr über deinen Grund gehen, mit Hund ist es schwierig und

da kannst du dich auch bei der Stadtgemeinde erkundigen, Kettenhunde sind verboten und ich werde auch Shiva sicher nicht anleinen. Und es hat nichts mit Rassismus zu tun, aber von solchen Leuten brauche ich mir nichts vorhalten lassen was nicht wahr ist, und die selber unseren Staat ausnützen, was ich nicht tat. Und ich kann mir beim besten Willen nicht vorstellen, daß ein Polster Shiva so ängstlich gemacht hat, das sie sich am ganzen Körper zitternd in einer Ecke verkriecht!

Was Nachrichten betrifft, habe ich dich ja schon lange aus Verteiler genommen!

Beim nächsten Email von Petra bin ich schon am überlegen ob ich sie nicht wegen den falschen Anschuldigungen gegenüber mir und Gabriela einklagen sollte, denn was sie uns da beschuldigt ist eigentlich sehr schwerwiegend wie man lesen kann:

Am 03.06.2021 um 21:15 schrieb Petra:

Du hast auf meinem Grundstück nichts zu suchen. Wie du mit deinem Hund in den Wald kommst ist dein Problem.

Völlige Realitätsverweigerung. Den Staat nicht ausgenutzt schreibt ausgerechnet jemand, der kaum ins Pensionssystem eingezahlt hat, sich Jahrzehnte lang vom Sozialsystem finanzieren lässt und sich mehr Geld erschleicht, indem er gegenüber den Behörden angibt, getrennt zu leben und in Wirklichkeit immer im selben Haushalt gelebt hat.

Da mir der Streit zu viel Nerven kostet und ich gar nicht verstehe wie Petra jemals den „Magister" machen konnte, denn diese Anschuldigungen von ihr sind ja mehr als Verleumdung und dümmlich und ich schrieb ihr daß auch:

1. Wir gehen nicht mehr über dein Grundstück!

2. Ich habe in der Zeit bei der Zeitung und eigenen Werbebüro sicher mehr Steuer gezahlt als Du jemals in deinem ganzen Leben einzahlen wirst!

3. Da ich über 40 Jahre nicht in Österreich war, kann ich das Sozialsystem nicht ausgenützt haben, sicher nicht so wie Sadri und seiner Familie die unser Sozial und Gesundheitssystem sicher mehr ausgenützt haben und NIEMALS von den Türkischen Asylanten ein Schilling in unser System eingezahlt haben!

4. Ich bekommen sicher nicht mehr vom System als was mir zusteht!

5. Da Gabriela auch jetzt immer noch in Wien zeitweise wohnt und dort gemeldet ist, und wir getrennte Kassen und auch somit Haushaltskassen haben, leben wir getrennt und nicht nur offiziell! Aber weil du daß ansprichst, gilt für mich die Annahme und Begründung, wer uns bei dem GIS angezeigt hat, denn da kann ich annehmen wer uns dann angezeigt hat wegen dem "getrennt" Leben, denn wir wurden da vor Jahren bereits bezüglich getrennt leben bereits angezeigt und hatten eine Verhandlung beim BVG und bekamen auch ein Urteil vom Gericht, nun kann ich mir vorstellen wer uns damals angezeigt hat!

6. Da ich in Corona Zeiten und Unterstützung bei Gabrielas Krebserkrankung wir öfters zusammen sind, würde jedem normalen Menschen mit Hirn und Herz klar sein, aber nicht jemanden dem es ein Greuel ist wenn jemand einen Hund aus dem Tierschutzhaus befreit und ihm ein neues Leben ermöglicht. Also werde ich Gabriela mit ihrem Krebs an dem sie immer noch

laboriert sicher nicht alleine lassen, so wie du es anscheinend tun würdest.

In diesem Sinne, die Leiter die ich seither nie mehr gebraucht habe, steht bei dir ohne das ich dein Grundstück betreten habe.

Ich bin eigentlich noch immer am überlegen ob ich gegen Petra etwas unternehmen soll, weil ich diese Anschuldigungen nicht so ohne weiteres im Raum stehen lassen will. Vor allem haben wir jedes Mal wenn wir auf unseren Boot waren, sofort der PVA mitgeteilt, daß wir zwei Monate im Ausland waren, und auch habe ich sicher nie Arbeitslose bezogen, wenn ich im Ausland war, wobei ich mir nicht so sicher bin, ob Sadri als er mit einer „Geschäftsidee", aus der natürlich nichts geworden ist, zu seinem Onkel in die Türkei fuhr, wo ich glaube, daß er zu dieser Zeit auch arbeitslos war, und ich bin mir nicht sicher ob er das auch dem AMS gemeldet hat und nicht in dieser Zeit trotzdem wie viele andere auch, weiter die Arbeitslose bezogen hat, was aber ich nie gemacht habe. Das ist natürlich nur eine Vermutung von mir, was man aber sicher nachprüfen könnte wenn Petra mich und Gabriela, beschuldigt keine getrennten Wohnsitze und Haushalte zu haben, nur weil sie uns so oft am Berg gemeinsam sieht, was in der „Corona" Zeit und Gesundheitszustand von Gabriela seit 2015 ja jedem vernünftigen Menschen klar sein dürfte, aber anscheinend nicht der Frau „Magister" die sich eine solche Partnerschaft mit ihrem türkischen Migranten anscheinen nicht vorstellen kann, kein Wunder, er fährt ja auch alleine in Urlaub und lässt Petra krank zu Hause zurück, und geht eben lieber Golfspielen als Rasen mähen. Ich lasse, auch wenn wir getrennt leben und zwei Haushalte haben, trotzdem meinem Partner und Frau in unserer Situation sicher nicht im Stich und versuche so oft wie möglich mit ihr zusammen zu sein. Selbst bei Gericht wurde uns bestätigt und auch im Urteil festgestellt, daß wir getrennte Haushalte haben, und was noch wichtiger ist, auf keinen Fall uns das Gericht vorschreibt, wie oft wir uns sehen können!

Vor allem muß ich mich wundern, mit welchen „IQ" Petra jemals den „Magister" geschafft hat, denn wenn sie uns gerade am Wochenende, und da nicht mal jedes Wochenende wo sie am Berg ist überhaupt sieht, aber drei Wochen nicht weiß wo Gabriela oder ich sind. Vor allem ist ja Gabriela mit mir gemeinsam als Nutzer des Grundstückes eingetragen, also müsste es auch dem dümmsten „Magister" klar sein, daß Gabriela auf den Berg kommt, speziell am Wochenende. Wie kann sie dann überhaupt solche Verleumdungen verbreiten und uns beschuldigen? Denn wenn sie fähig wäre nachzudenken, müsste sogar ihr klar sein, daß Gabriela lieber mit Shiva hinter uns im Wald spazieren geht, als in Wien, wo sich Shiva gar nicht wohl fühlt, weder im „Arsenal" oder im „Schweizer Garten", die einzigen Plätze wo etwas Grün zu finden ist, denn das „Belvedere" und der „Botanische Garten" ist ja für Hunde verboten, was leider verständlich ist, denn was ich auch schon im anderen Buch beschrieben habe, im 3., Bezirk gibt es keine Kontrolle und leider viel Hundebesitzer die das „Gacksi" nicht wegräumen und hunderte „Haufen" auf der Straße liegen. Wem wundert es dann noch, wenn es Leute gibt die Hunde hassen, wenn sie beim aussteigen vom Auto in den nächsten „Haufen" steigen?

Am Samstag den 10. Juli 2021 eher wieder ein schwarzer Tag am Berg, denn wieder gab es einen gröberen Streit mit den Nachbarn. Wir saßen um 1900 auf der Terrasse und hörten Radio, weil wir es wieder mal ausnützen wollten und wir nicht von „Gelsen" angefallen wurden, und tranken ein Glas Rotwein mit Kartoffelchips. Den Radio hatte wir aufgedreht, da wir wussten unsere Nachbarn sind da, und damit Shiva sie nicht reden hört und vor allem nicht von unten die Hunde bellen hörte, wo sie natürlich antworten musste, und mit dem

Radio wir so gut es ging zu verhindern, daß Shiva bellte und sich die Nachbarn wieder gestört fühlten, wenn wir es „wagten" auch einmal auf unserer Terrasse zu sitzen. Ich hatte in der Zwischenzeit übrigens auf unserer oberen Terrasse auf der West Seite vor dem Haus eine ca. ein Meter hohe Wand aus Welleternitplatten errichtet, so daß Shiva nicht mehr in „Augenhöhe" unsere Nachbarn verbellen kann, und außerdem haben sie in unserer kurzen Zeit als wir für vier Tage in Kroatien waren, eine große Plane aufgehängt und am oberen Teil an der Grundstücksgrenze ein paar Stahlseile gespannt und einen Naturzaun aus Ästen errichtet, so daß Shiva nicht mehr rüber laufen konnte und auch eventuelle Vögel nicht sehen und verbellen kann, was gar nicht so schlecht war, wir wollen ja auch nicht, daß Shiva rüber läuft und eventuell und vom türkischen Migranten wieder mit irgendwas beschossen wird.

Nur was diesmal wieder passierte ist fast nicht zu beschreiben, es vergingen nicht mal fünf Minuten als der türkische Migrant Sadri am Ende der Terrassenmauer auftauchte und fürchterlich rüber schrie, wir sollen sofort das Radio leiser machen, es wäre zu laut für sie und störte sie. Nur um den Leser etwas die Situation zu beschreiben um die Lage verständlicher zu machen. Wir saßen auf unserer Küchenterrasse auf der Ost Seite vom Haus, das Radio stand auf der Bank HINTER dem Haus und war in Richtung zu unserem Tisch, also nach Osten gerichtet und das ganze Haus zwischen uns und Petras Haus! Petra und Sadri saßen auf ihrer Terrasse oberhalb von ihrem Haus auf der WEST Seite von Petras Grundstück, also locker mehr als 20 (Zwanzig) Meter von unserem Radio entfernt und ich habe ein normales tragbares Kassettenradio und sicher keinen „Ghetto Blaster" und dazu noch die Lautsprecher in die Richtung Ost gedreht, also was wollte dieser Migrant außer uns zu beschimpfen? Noch dazu haben sich Gabriela und ich am Tisch normal unterhalten können, also war die Lautstärke nicht so laut, daß es jemanden stören könnte, vor allem nicht um 19 Uhr!

Nun eigentlich sollte Gabriela keinen Streß haben und sich aufregen, eigentlich auch ich nicht, denn sicher wollte ich keinen gröberen Schlaganfall bekommen, mir genügen schon die „TIA" die ich schon hatte. Nur diese Attacken von dem türkischen Migranten regten nicht nur mich auf, sondern auch Gabriela und ich ging auf die Terrasse und fragte ihn, was er eigentlich provozieren will, denn das Radio war alles andere als zu laut, und ich bin gerne bereit die Lautstärke so zu lassen und die Polizei zu rufen, damit dann ein neutraler Beobachter beurteilen kann, was da wirklich zu laut und störend war. Er lief „rot" an und sprang herum wie das „osmanische Rumpelstilzchen" und schrie mich an, ich soll sofort das Radio leiser machen sonst wirft er meine Regentonne von der Mauer runter! Als Erklärung, ich habe seit 2013, also seit über sieben Jahre auf der Grundstücksmauer zu Petra ein 300 Liter Regenfass mit Schlauchheizung auf der Westseite vom Haus stehen und speise damit unsere WC Spülung an. Nun hatte ich aber wirklich genug und sagte ihm, es wäre besser er ginge in die Türkei zurück, denn wenn er mein Fass angreift und beschädigt, rufe ich sicher die Polizei, denn mit was er mir hier droht ist ja unbegreiflich. Er schrie herum und ich glaubte fast, daß er einen Herzinfarkt bekommt, so schrie der Choleriker herum, und ich war nicht sicher wie weit sein Wutausbruch gehen würde, denn ich traue ihm zu, daß er wie alle Türken und Afghanen, Syrer usw. mit einem Messer auf mich losgehen würde. Und ohne nun da rassistisch zu sein, und wenn man auch immer wegen „Datenschutz" keine Auskunft bekommt, muß auch der beste „Gutmensch" und die NGO's zugeben, daß die Messerstechereien der letzten Jahren, zu 80% von dieser Gruppe von Leuten ausgeführt wurden, wer es nicht glaubt, kann ja mal in die Gefängnisse schauen, welche Volksgruppen dort vertreten sind!

Nicht daß ich von Sadri nun Angst haben würde, denn obwohl er wesentlich jünger als ich ist, könnte ich ihn, Dank meiner Kenntnisse in Karate, das ich jahrelang ausgeübt habe, nicht nur „Shotokan" sondern auch noch „Gojo Ryu", kampfunfähig machen, und wenn ich auch nicht mehr im Training bin, für diesen türkischen Migranten wird es allemal reichen. Nur ich bin jetzt 71 Jahre und sicher nicht interessiert den etwas geistig zurück gebliebenen Migranten einen Kampf zu liefern, denn mir hat es genügt, als ich vor vielen Jahren gegen zwei Perser gekämpft habe, die mich mit dem Messer angegriffen haben und nachdem ich dafür sorgte, daß dann einer lange im Spital lag und ich erst nach zwei Gerichtsverhandlungen frei gesprochen wurde, davon habe ich in meinem Buch „Zum Denken verurteilt" schon ausführlich geschrieben. Nun nachdem ihm ein Besuch von der Polizei sicher nicht recht war, ging er wieder auf seine Terrasse wo er mir dann noch ein paarmal „ALTER MANN" zurief, welchen Zweck es hatte ist mir nicht klar, sollte es eine Art von Beschimpfung sein, was ich gar nicht verstand, denn es war ja offensichtlich, daß ich älter als er war? Eigentlich habe ich geglaubt, daß man in der Türkei ältere Menschen ehrt und respektiert, bei dem Migranten dürfte es aber was anderes bedeuten, denn warum sagt er mehrmals zu mir „ALTER MANN"? Aber wer weiß schon was in einem „kranken" Gehirn eines cholerischen türkischen Migranten vorgeht?

Nun seither ist die Stimmung mit den Nachbarn eher „frostig" am Berg, was mir aber ehrlich gesagt, ziemlich wurscht ist. Ulli die nun immer mit Petra und Sadri zusammen steckt, wahrscheinlich um über uns her zu ziehen, was aber für einen „Hausmeister" so üblich sein dürfte, grüßt uns nicht mal mehr, es kommt mir vor wie ein „Kindergarten" und es wäre sogar sehr lustig, wenn es nicht eher zum Weinen wäre. Jedenfalls habe ich mir so eine Nachbarschaft nicht vorgestellt noch gewünscht. Von Alice weiß ich auch nichts, nach wie vor höre ich nichts über den „Fortschritt" eines etwaigen Einspruches gegen den Abrissbescheid, obwohl wir schon August 2021 haben. Nun vielleicht wird diese unsinnige Aktion von Alice und Petra, doch mal zum Bürgeranwalt kommen, oder eine der Boulevard Fernsehsender

bringen sie in einer Serie oder Reportage, es wird sicher lustig werden,
ich würde mich schon darauf freuen, auch wenn es Alice und Petra oder
Ulli sicher nicht recht wäre.

Nachwort zusammen gemischt

Mir wäre es zwar lieber, aber leider kommen wir auch jetzt im August 2021 nicht über das Thema „Corona" hinweg. Da nun in Großbritannien große Probleme waren weil viele Angestellte ausgefallen waren, anhand dieser „Delta" Variante von „Covid 19" und somit in den Supermärkten wieder mal die Regale leer waren weil niemand zum nachschlichten von Lebensmittel vorhanden war und im Krankenstand oder Quarantäne waren. Auch wird es niemand sehr wundern, daß in Spanien auf Mallorca die „fünfte Welle" kam, was bei den Partys der Touristen kein Wunder ist, aber wer fährt den schon nach Mallorca auf Urlaub, als die sechs Kategorien von „Menschen"? Natürlich gab es auch nach diversen großen „Beach Partys" in Kroatien auf der Insel „Pag" zu mehr als 300 Corona Fällen, und ein Teil davon bringen sie nun auch wieder zu uns nach Österreich, wo wir nun auch, teilweise Danke der Reiserückkehrer wir wieder mehr als 900 Corona Fälle haben, was das letzte Mal im Mai der Fall war und wir „zielstrebig" auf eine vierte Welle zusteuern, die wir sicher nicht abwenden können. In Osttirol wird ja durch die „Cluster" schon wieder in ein paar Ortschaften die Ausreise kontrolliert.

Alles wieder ein Grund, für unsere, meiner Meinung nach „bescheuerte" Regierung mal lockere 400.000 € an Werbung für einen Schülerpaß auszugeben, was mich an die Webseite „Kaufhaus Österreich" erinnert, oder die Unsummen an Werbung für „Shöpping.at" wo man selbst wenn man ein Patriot ist, eigentlich nicht das bekommt was man will, und auf „Amazon" das ZWANZIG fache an Angeboten gemacht wird, also die Werbung dafür, mehr als vertrottelt ist, denn selbst wenn man versucht, so wie ich, sogar drei Mal dort was zu bestellen, gibt auch der beste Patriot auf, auf einer „Österreichischen" Webseite was einzukaufen, denn außer Ärger, bekommt man dort nichts wirklich angeboten! Es werden auch noch immer die E-Autos und E-

Bikes beworben und dafür hundert Tausende von Euro ausgegeben, aber keiner sagt dazu, welchen Schaden die ganzen Batterien für die Fahrräder, Tabletts, Handys bereits bei der Erzeugung und Abbau der Rohstoffe vor dem Kauf an Schaden an der Umwelt angerichtet haben, und sicher dieser Erwerb von diesen Batterie betriebenen Geräten, alles andere als „Grün" und umweltfreundlich ist, und nie sein wird, denn hier wird der „Klimaschutz" mit Füßen getreten und das Volk noch mehr verblödet was man ihm einreden will und kann.

Wieder einmal haben wir Probleme mit „Abschiebung" von Verbrechern, denn da in Afghanistan die Taliban nun fast wieder überall die „Oberhand" gewonnen haben, sollen wir nun alle Vergewaltiger, Messerstecher und Diebe in Österreich behalten und dürfen sie laut EU nicht mehr in ihr Land zurück schicken. Mit diesem Problem kommen nun auch nun wieder hunderte Flüchtlinge in Burgenland über die Grenzen, und die Gutmenschen erklären uns wieder, was wir für ein Glück haben in Österreich geboren zu sein und nicht in einem Land wo Krieg ist. Nur verstehe ich trotzdem nicht, warum diese „armen Menschen" trotzdem weiterhin züchten wie die „Meerschweinchen" und sogar in Flüchtlingslagern wo es nicht mal was zu essen gibt, weiterhin Kinder in die Welt setzen? Unser Gesundheitssystem „kracht" an allen Ecken weil wir schon den ganzen Ostblock mit unserer „E-Card" versorgen und wir Österreicher nun Monate auf einen Arzttermin warten müssen, oder man hat das Geld für einen Wahlarzt, was ich mir sicher nicht leisten kann, und sie sagen jetzt im TV daß viele unter der Armutsgrenze leben, die sie jetzt sogar mit 1328.-€ angeben, also habe ich die letzten 40 Jahre unter der Armutsgrenze gelebt und mir hat niemand eine Wohnung gegeben noch die Miete und den Unterhalt bezahlt, wie wir es für zig tausende Asylanten seit Jahren machen. Ich frage mich wie lange es noch gutgehen kann, und welche Idee die Regierung dazu hat, wie alle Regierungen vorher die auch keine hatten, sollen wir Österreicher nun unsere Heimat verlassen, damit die Migranten mehr Platz haben?

Bitte mich nicht falsch verstehen, aber ich kann es schon nicht mehr hören, daß alle Menschen angeblich gleich sind, denn von einer „Gleichheit" kann in keinster Form eine Rede sein, geschweige denn mit der Kultur oder was noch ärger und vertrottelter ist, in der Religion. Um das leidliche Thema noch mal aufzuzeigen, ich fühle mich sicher nicht als was „besseres" noch weniger als „elitär", nur lasse ich mich sicher nicht auf dieselbe Stufe stellen, wie die „sechs Kategorien" die sich Sendungen wie „Amore unter Palmen", „Das Geschäft mit der Liebe", „Mein Gemeindebau" oder über Reportagen von Lignano usw. wo man sich dafür geniert ein Österreicher oder besser gesagt, ein „Mensch" zu sein. Wobei wie ich schon mal in vorigen Bücher geschrieben habe, gehören nicht nur die Leute die sich solche einen scheiß ansehen in eine Anstalt, sondern die Redaktionen die es zulassen sowas in den Boulevard privat Sendern zu senden, wobei der „unabhängige" stattliche ORF mit „Liebesgeschichten und Heiratssachen" um keinen Deut besser ist. Jetzt gibt es ja wieder in den Oppositionsparteien Aufregung weil ein türkiser Programmdirektor gewählt wurde, wie wenn es zu der Zeit als die SPÖ am Ruder war, es anders gewesen ist, nur wer dann noch sagt unsere Sender sind „unabhängig" kann nur total verblödet sein oder noch an den Weihnachtsmann glauben.

Weil wir gerade beim ORF sind, muß ich mich nochmals über die diversen Moderatoren „aufregen" wo könnte ich mich sonst darüber beschweren als hier. Ich sehe mir wegen der Nachrichten gerne das „Frühstücksfernsehen" an, was mir in manchen Berichten, egal on „Puls 4" oder „ORF" schmerzen bereitet, und ich mich frage, wieso bringen die so was? Daß die Leute ferngesteuert sind, habe ich ja schon erklärt, nur warum in „Puls 4" z.B. der eigentlich sympathische Andi wie viele ferngesteuerte die „Mode" mit zerrissenen Jeans noch im TV vorzeigen muß ist mir unklar, ist das Volk nicht so schon verblödete genug? Sollte er aber zerrissene Jeans tragen müssen, weil er von Sender eingekleidet wird, dann tut er mir noch mehr leid, denn ich würde sie sicher nicht anziehen und diese vertrottelte Mode vor Publikum tragen, denn so viel Ehrgefühl sollte ein Mensch trotzdem es sein Job ist, doch haben. Die „Musiker" die sie da manchmal vorstellen sollten auch nicht öffentlich gezeigt werden, dabei rede ich da noch gar nicht von der „Wall of fame" noch eine der Berichte die fürchterlich weh tun, über den Moderator möchte ich nicht mal eine Zeile verschwenden.

Erwähnen möchte ich da auch noch die Moderatorin Eva Pölzl die eigentlich auch sehr sympathisch ist, nur leider kommt sie mir persönlich vor, wie ein weiblicher „Heinz Conrad". Ich muß ihr allerdings hoch anrechnen, wie sie es schafft mit ihrem „süffisanten" Lächeln stundenlang durch die Sendung zu kommen. Was ich über die „Musiker" halte, die da von der ORF Redaktion immer eingeladen werden, habe ich ja schon im 4. Kapitel beschrieben und die „Lieder" aufgeschrieben, also kann da die Fr. Pölzl nichts dafür, nur wenn sie die Musiker dann nach ihren Vorträgen begrüßt und Interviewt, „zucke" ich aus, denn wie kann ich bei jedem in einem Anfall von Begeisterung fallen? Jedes Mal höre ich von ihr, ein WOW, SUPER und wie herrlich dieses „Musikstück" war, und damit wird sie für mich mehr als unglaubhaft. Mir ist natürlich klar, daß sie nicht ehrlich sein kann und sagen was sie wirklich von dem „Lied" hält, aber was sie macht ist mehr als übertrieben, und nur wenn sie eventuell an „Geschmacksverwirrung" leiden würde, wäre es zu erklären, daß ihr jedes „Lied" so fürchterlich es auch ist, so gut gefällt, denn das kann nicht normal sein. Ich weiß zwar, daß es Krankheiten gibt, wie zum Beispiel bei „Epilepsie", daß als Nachwirkungen nach einem „Grand Mal" dann abnorme Sinnesempfindung, wie z.B. „Geschmack Sensation" auftreten können, was aber bei der Fr. Pölzl nicht der Fall ist, da sie ja sicher nicht krank ist aber ihre Begeisterung nur gespielt, aber sicher nicht immer ehrlich sein kann. Auch wenn es mir als Moderator verboten ist, meine Meinung zu sagen, muß ich nicht diese unnatürliche Begeisterung heucheln, denn so was macht sie unsympathisch, was sicher kein Vorteil sein kann, es wäre glaubwürdiger wenn sie freundlich neutral bleiben würde.

Hier muß ich noch anmerken, wie „Corona" diese angebliche „Musikbranche" beeinflusst hat, denn viele dieser angeblichen „Musiker", jedenfalls behaupten sie das, bekommen noch Geld vom „Musikfond" bezahlt, und was noch fürchterlicher ist, sie hatten in der Zeit des Lockdowns noch Zeit, mehr von dem „Schmarrn" zu komponieren und zu texten, was der größte Schaden an der Pandemie ist, denn wie ich an den unzähligen Lieder die ich schon im 4. Kapitel aufgezählt habe, wäre der Menschheit viel erspart geblieben wenn sie diese Musik nicht auf den vertrottelten Musikmarkt gebracht hätten, wie wenn nicht „Helene Fischer" und „Volks Rock and Roller Gabalier" schon Strafe genug wäre. Denn was hier an Musiker vorgestellt wird, fällt unter der von mir „erfundenen 90:10 Regel" wobei man hier sicher 90% der vorgestellten „Musiker" ersparen könnte, denn es ist eine Frechheit was sich heute so alles „Musiker" oder „Kabarettist" nennt, denn da könnte ich mich selber auch als Schriftsteller bezeichnen, was ich aber sicher nicht tun werde.

Heute am Freitag den 13. August 2021 bin ich zu einem Ende dieser „Endlos Story" gekommen und ich habe die Feststellung gemacht, nur durch den größten Fluch des Jahrhunderts, daß Internet und der Erfindung des „Smart Phone" ist es möglich, daß es für Chaoten und Idioten ein Zufluchtsort wurde, und sich soziale Medien wie „Face book", „Instagram", „Whats app", „Tik Tok" und millionen von „Pod casts" und „Youtube" Videos wie die Pest über die total verblödete Menschheit verbreiten konnten.

Hier noch ein paar Zitate die auf mich zutreffen könnten:

Ein Schiff, das im Hafen liegt, ist sicher vor dem Sturm. Aber dafür ist es nicht gebaut.

Das Leben ist dazu da, um gelebt zu werden und nicht um "begriffen" zu werden, oder sich vorgegebenen Mustern zu fügen. (Bruce Lee)

Das Aussehen entscheidet vielleicht wer zusammen kommt. Doch der Charakter entscheidet wer zusammen bleibt.

Immer die Wahrheit sagen bringt einem wahrscheinlich nicht viele Freunde, aber dafür die Richtigen. (John Lennon)

Dieses Zitat dürfte auf unsere Nachbarn zutreffen:

"Wer gegen Tiere grausam ist, kann kein guter Mensch sein."

Mit diesem Satz hat der Philosoph Arthur Schopenhauer eine Annahme formuliert, die tief in der abendländischen Kultur verwurzelt ist: Im Verhältnis zu seinen Mitgeschöpfen spiegelt sich das Verhältnis des Menschen zu seinesgleichen wider.

Und nochmals ein Zitat von Jean-Jacques Rousseau, daß wahrscheinlich auf 90% der „sechs Kategorien" Menschen zutrifft und sie dieses Buch eher nicht lesen sollten da in meinem Buch nur wahrheitsgetreue Berichte und sicher nichts fiktives steht:

„Hüten wir uns, denen die Wahrheit mitzuteilen, die nicht imstande sind, sie zu fassen."

Und leider wird uns dieses Zitat von Robert Frost sicher nicht mehr näher zu unseren Nachbarn bringen:

Nichts bringt zwei Nachbarn so nahe wie ein guter Zaun